Errancias: prácticas artístico-pedagógicas, memorias, quehaceres y políticas

**Eduardo De Paula, Henrique Bezerra de Souza,
Mara Leal y Wellington Menegaz**
(Organizadores)

Errancias:
prácticas artístico-pedagógicas, memorias, quehaceres y políticas

Daniel Furtado
Daniele Pimenta
Dirce Helena Carvalho
Eduardo De Paula
Henrique Bezerra de Souza
Paulina Maria Caon
Pedro Eduardo da Silva
Vilma Campos dos Santos Leite
Wellington Menegaz

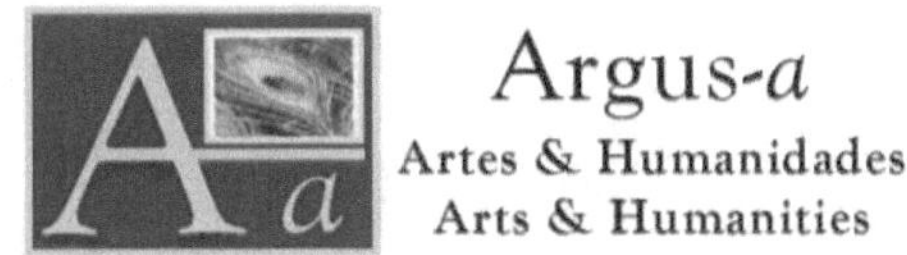

Buenos Aires, Argentina - Los Ángeles, USA
2024

Errancias: prácticas artístico-pedagógicas, memorias, quehaceres y políticas

ISBN 978-1-944508-56-2

Ilustración de tapa: Foto gentileza de Mara Lucía Leal
Diseño de tapa: Argus-*a*.

Editorial Argus-*a*
1414 Countrywood Ave. # 90
Hacienda Heights, California 91745
U.S.A.
argus.a.org@gmail.com

ÍNDICE

Presentación

Es con inmenso orgullo que traemos al público el libro "Errancias: prácticas artístico-pedagógicas, memorias, quehaceres y políticas", resultado del esfuerzo conjunto de las y los artistas-docentes del GEAC.

El Grupo de Estudios e Investigación sobre Creación y Formación en Artes Escénicas (GEAC) reúne artistas-investigadores de la carrera de Pregrado en Teatro y del Programa de Posgrado en Artes Escénicas del Instituto de Artes de la Universidad Federal de Uberlândia (PPGAC-IARTE-UFU), así como de otras Instituciones y áreas afines. Nuestro propósito es nutrir el interés y profundizar los estudios sobre los procesos de formación y creación en las artes escénicas, con el objetivo primordial de generar conocimientos práctico-teórico-pedagógicos que enriquezcan la escena artística.

En el corazón de nuestra actuación, el GEAC cumple un papel fundamental al fomentar, desarrollar e interrelacionar el trabajo de sus investigadores en dos líneas de investigación primordiales. La primera de ellas, titulada "Procesos de Creación Escénica", nos permite profundizar las investigaciones sobre los intrincados meandros involucrados en la creación de espectáculos escénicos y performances. En esta línea, exploramos las diferentes etapas creativas, desde la concepción de la idea hasta su materialización en el escenario, valorizando la experimentación y la innovación. La segunda línea, denominada "Formación del Artista Escénico", dirige nuestros esfuerzos hacia la investigación sobre la construcción y desarrollo del artista escénico en sus vertientes prácticas, teóricas y pedagógicas. Entendemos la formación del artista como un proceso continuo y multifacético, que abarca habilidades técnicas, dominio teórico-conceptual y una reflexión crítica sobre su papel en la sociedad. Buscamos, así, mejorar las prácticas de enseñanza y aprendizaje, capacitando a los futuros profesionales para enfrentar los desafíos artísticos contemporáneos.

En el GEAC, creemos en el poder del diálogo interdisciplinario y en el intercambio de saberes. Nuestros investigadores provienen de diferentes áreas e instituciones, lo que enriquece nuestro universo de estudio y posibilita la integración de diversas perspectivas. Además, incentivamos la realización de eventos académicos, como coloquios, seminarios y encuentros artísticos, para que los frutos de nuestras investigaciones puedan ser compartidos con la comunidad artística y la sociedad en general.

De esta forma, el GEAC se presenta como un ambiente dinámico y acogedor, donde la pasión por las artes escénicas y el deseo de comprender y transformar el panorama artístico se fusionan en un gratificante viaje intelectual y emocional.

Dividida en tres partes, esta obra se destaca por su amplitud y profundidad en el abordaje de las prácticas artístico-pedagógicas y sus múltiples facetas.

Todos los textos fueron traducidos al español por Virginia Llerena Caballero, a quien agradecemos inmensamente su colaboración.

No podemos dejar de agradecer a Maritza Faría Cerpa por su lectura atenta y por la elaboración del prólogo de este libro.

A los lectores y las lectoras, les deseamos una experiencia enriquecedora e inspiradora mientras se aventuran por las páginas que componen este compendio de investigación y creación artística.

¡Buena lectura!

Uberlândia, diciembre de 2023

Eduardo de Paula, Henrique Bezerra de Souza, Mara Leal
y Wellington Menegaz
(Organizadores)

Algunas palabras a modo de prólogo

Hace algún tiempo recibí una invitación de la que me sentí honrada, mi amigo Eduardo de Paula me invitó a escribir el prólogo del libro que está en sus manos: *Errancias: prácticas artístico-pedagógicas, memorias, quehaceres y políticas*. Ocho artículos componen este libro que está estructurado en tres partes: *Pedagogías del ayer y del hoy*; *Procesos pedagógico-artísticos* y *Procesos artístico-pedagógicos*. Fue así como me entregué a la grata tarea de lectura de cada uno de los textos. Como artista-docente, cada vez que me enfrento a un proceso de lectura, lo que más me interesa es aprender. Aprender de lo que piensan y hacen otras y otros compañeros en nuestro quehacer teatral y sus múltiples expansiones, y más todavía, cuando son colegas de otros países, en este caso Brasil.

La escritura de cada artículo devela un posicionamiento personal que da cuenta del compromiso de las y los artistas-pedagogos que escriben este libro, el cómo a partir de sus propios intereses y búsquedas de prácticas que amplíen sus campos de acción son llevados a cabo en ejercicios escénicos artísticos y pedagógicos. Es así como se despliegan ante nuestros ojos temas como la máscara, el circo, la actuación, reflexiones acerca de la pedagogía, ejercicios escénicos en las escuelas, la voz, el caminar y el resistir. Todas temáticas y problemáticas tratadas a partir de una mirada contemporánea y comprometida con la realidad sociopolítica-cultural.

Cada artículo del libro está escrito con mano sensible y cercana, la lectura se hace entretenida y emotiva a la vez. A través de las palabras se puede recepcionar el deseo de cada autor y de cada autora, qué fue lo que les movilizó para sus investigaciones y hallazgos. A continuación, me detendré con un momento de reflexión y presentación en cada texto, ya que me pareció pertinente dedicar algunas palabras a cada escrito y a cada autor/a.

Paucartambo/Perú y sus máscaras: puentes con el aquí y ahora de Vilma Campos es el artículo que abre el libro, en él la autora nos invita a un viaje que se inicia con la descripción de máscaras, vestuario, danzas y ritos de la Fiesta de Nuestra Señora del Carmen que se lleva a cabo en la ciudad de Paucartambo cada 16 de julio. Esta celebración es descrita de manera tal que nos permite estar ahí, junto a Vilma, imaginando cada momento descrito, mirando cada máscara andina[1] desde una perspectiva contemporánea haciendo que su significado entre en diálogo con nuestra realidad y tiempo.

Vilma Campos sitúa la reflexión actual en cuál es el papel del cuerpo en el trabajo con las máscaras, así como también la relación de este con el espacio abierto para finalizar en el contacto de la máscara con las personas. Una tríada que pone en práctica en talleres que tienen como objetivo "dar vida a las máscaras en diálogo con el tiempo presente", hacerlas más cercanas al actor/actriz por medio de la experimentación. La autora propone que el trabajo con las máscaras posibilita el descubrimiento de otras potencialidades físicas ya que requiere de una amplificación del cuerpo debido a la expresividad que ya contiene la máscara, así como también tiene por objetivo dar a conocer la historia de las máscaras a través de una potencial comprensión de posibilidades de conexión con el aquí y ahora.

La escritura de Vilma es entretenida y profunda, aprendemos a través de ella y transmite con claridad sus ideas. La autora manifiesta un respeto hacia la cultura andina lo que da cuenta de una escritura que toma una posición ética, hecho que es tan necesario en nuestros tiempos.

El segundo texto de esta primera parte se titula *Ambiencia y tradición oral: Fundamentos de la creación en el circo brasilero* escrito por Daniele Pimenta y Pedro Eduardo da Silva, dos artistas circenses que se posicionan en la investigación de una forma comprometida, desde dentro, desde la práctica y la vivencia en el circo. Este escrito surge a partir de un compromiso ético-afectivo con la disciplina y cabe subrayar que Daniele Pimenta es heredera de la tradición circense de la familia Pimenta.

1 Como chilena, no quisiera dejar pasar la descripción de la máscara llamada AUQA CHILENO que representa a los soldados chilenos que invadieron Perú en la Guerra del Pacífico (1879-1884) y que establece una unión entre ladrón y enemigo. Esto es lo que significamos los y las chilenas en Perú, así nos ven nuestros y nuestras hermanas peruanas.

Los autores señalan dos caminos por los que transcurre el artículo. Por una parte, se refieren a la importancia de la tradición oral en la construcción de los saberes circenses, de la práctica del ver y el cómo se aprende de la experiencia del/a otro/otra, plantean que la comunicación oral establece una narrativa didáctica. Por otro lado, presentan e indagan en el concepto de *ambiencia* como espacio de encuentro entre sujetos que potencializa la producción de nuevas subjetividades, es decir, la *ambiencia* es la influencia directa en las actividades humanas, en cómo el entorno permea la construcción de las personas, como, por ejemplo, la vida del cirquero en la que se desdibujan las fronteras entre la vida personal, profesional, afectiva y material. La *ambiencia*, en palabras de los autores: "puede ser traducida como medio ambiente, pero no es solamente el medio natural en el que se vive, si no el efecto moral que ese medio físico induce en el comportamiento de los individuos".

Daniele y Pedro Eduardo reflexionan acerca de que la *ambiencia* no solo influye y define la vida de los cirqueros, sino que también alcanza a las y los espectadores que, antiguamente, hacían una fiesta de la llegada del circo. Toda la comunidad paralizaba sus actividades y hacía la vida en función del circo, evento que otorgaba la posibilidad de expandir su influencia más allá de la vida de sus propios trabajadores porque tal como lo escriben los autores: "el circo es una institución que siempre vibró en la frecuencia cultural de su tiempo y de su público".

El último artículo de esta primera parte es *Entre el juego del círculo [Neutro] y Thierry Salmon – Dirección del actor y organizaciones de presencias* de Eduardo De Paula. Aquí el autor instala la pregunta y preocupación acerca del arte de la actuación en la contemporaneidad y en los requerimientos que la escena del siglo XXI le hace a los actores y actrices. El escrito nos hace reflexionar en torno de la figura del actor/actriz creador/a, situándonos en los actuales procesos de composición en búsqueda de la espontaneidad.

El texto traza un recorrido por todos quienes han contribuido en Brasil con la difusión del trabajo del Juego del Círculo [neutro] de Thierry Salmon, personas que siguieron su pista y sus propuestas acerca de la autonomía del actor en el proceso de creación, así como lo ha realizado el director-pedagogo Eduardo de Paula durante sus más de 20 años de experiencia docente aplicando el Juego tanto en procesos de preparación como de creación actoral.

El arte de la actuación resulta complejo de asir cuando se trata de que el actor/actriz organice los materiales que se intersectan en su trabajo haciendo conscientes los procesos internos y externos que se llevan a cabo a la hora de crear y se vuelve aún más complejo cuando se trata de pensar y concebir la actuación en la contemporaneidad, cuando la creación actoral alcanza ribetes que van más allá de la creación de personajes. "El actor siempre se depara con la necesidad de sistematizar su material" señala el autor, organizando todos los procesos que realiza el actor/actriz para llegar a construir su contribución a la escena.

Eduardo De Paula plantea: "Las metodologías acerca del arte del actor están siempre en jaque", no siempre aseguran el éxito del proceso, sino que responden a especificidades de los contextos en los que se desarrollan y el Juego del Círculo [neutro] es uno de aquellos procedimientos que es aplicable a la construcción de personajes, para encontrar la naturaleza profunda de estos.

Luego del primer capítulo del libro llegamos a la segunda parte: *Procesos pedagógico-artísticos* compuesto por dos artículos que plantean reflexiones y prácticas en torno al desarrollo de la pedagogía teatral y a las posibilidades de profesores y profesoras artistas que hacen de este campo su especialización. Ambos textos comentan las dificultades de la docencia teatral en colegios y de la incidencia que puede tener el teatro en el desarrollo de las y los estudiantes otorgándole una labor fundamental para sus vidas: el trabajar por la construcción de un mundo mejor.

Henrique Bezerra de Souza nos presenta el texto *Pedagogía como encantamiento: procesos artístico-pedagógicos como ejercicio para otros posibles* en el que nos invita a la reflexión y al cuestionamiento de cómo se está practicando hoy la pedagogía en Latinoamérica y como en esta se replican las estructuras colonialistas que dan como resultado "un discurso indirecto que incentiva a los estudiantes a continuar replicando los saberes coloniales en su propio quehacer artístico". El autor indica que "no existe saber sin cuerpo y sin origen" refiriéndose a que la teorización europea está muy distante de nuestro territorio y de nuestras propias formas, valorizando por sobre todas las cosas la georreferencialidad del cuerpo como constructora de saberes.

La *pedagogía del encantamiento* otorgaría a los/las estudiantes la posibilidad de desarticular la naturalización de la realidad social, permitiría entender que las construcciones socioculturales no son inamovibles y que pueden ser alteradas para generar una transformación de la sociedad. "La *pedagogía del encantamiento* les entrega a sus practicantes el valor de alterar el mundo y no apenas adecuarse a él".

Las palabras de Henrique Bezerra de Souza son directas y cuestionadoras cuando comprendemos su concepción de la práctica pedagógica-artística "como cura para la molestia colonial" y como encanto para quebrantar hegemonías, es decir, pedagogía como acto político que le permite al estudiante incidir en el propio destino y no aceptar obedientemente lo que se le presenta.

Distritos 2217: un proceso de drama con adolescentes de Wellington Menegaz es un artículo esperanzador en el que se presenta una práctica teatral distópica con estudiantes de enseñanza básica que propicia el posicionamiento de los y las estudiantes con respecto a temas sociales y políticos.

El autor escribe a partir de su propio ejercicio y plantea la dificultad de enseñar teatro en los espacios de educación formal en que la figura del profesor es constantemente juzgada y desvalorizada ya que no se reconocen ni el teatro ni otras artes como campos de conocimiento: "es importante que artistas-docentes visibilicen sus trabajos fuera del colegio, a través del compartir de sus prácticas e investigaciones pedagógicas" pesquisas que tienen como punto central "el suelo del colegio".

Distritos 2217 es la práctica pedagógica artística que se describe en el texto, así como sus procedimientos y resultados. Las y los estudiantes experimentaron una práctica teatral que tenía como base problemáticas de política y sociedad que fueron escogidos por ellos mismos, a partir de sus propios intereses y preocupaciones. Posterior a este primer paso se define la ficción en la que se desarrollará la experiencia, intentando que sea lo más distante de las realidades de las y los estudiantes lo que les permitirá expresarse con más libertad en un futuro distópico en el que tienen como misión "trabajar en la construcción de un mundo mejor". El texto de Wellington me hace sonreír y me da esperanza de que todo no está perdido.

La última parte del libro *Procesos artísticos-pedagógicos* nos hace navegar por prácticas y problemáticas que son concebidas y tratadas en la puesta en escena, es este el corazón del capítulo y de cómo estas experiencias pueden ser posibilidades de procesos pedagógicos ampliando el sentido del para qué fueron creadas. Es así, como el artículo *Escena contemporánea y performance text. Performatividades expandidas* de Dirce Helena Carvalho presenta el concepto de *performance text* acuñado por Richard Schechner e indica cómo el giro performativo en las artes planteó la posibilidad de dislocar la mirada textocentrista por otra en la que el lenguaje de la puesta en escena y sus sentidos adquiriesen mayor protagonismo. La autora se refiere a la expansión de la escena contemporánea con procesos artísticos que no caben en los cánones de formalización, experiencias escénicas en las que se valoriza el proceso y la múltiple abertura de significados mediante el texto que compone la escena, es decir, la escritura escénica que se manifiesta por la hibridación de todos los elementos que forman una escena.

El texto plantea la particular preocupación sobre la acción vocal en la contemporaneidad ¿cómo enseñar voz en la actualidad con las exigencias de la escena contemporánea? Dirce Helena Carvalho indica que las investigaciones sobre las prácticas vocales debiesen ser rediseñadas ya que existen diferencias entre el entrenamiento para un texto dramático y para un *performance text:* "La vocalidad poética está en conexión directa con el cuerpo, la acción física, más precisamente, la acción física sonora". Se trata de considerar el texto como materia sonora utilizando la palabra en su dimensión de lenguaje sonoro.

El segundo texto *Paisajes del caminar – Experiencias corporales y participación en el mundo en caminatas* de Paulina Maria Caon centra su atención en la práctica del caminar como acción que invita a desacelerar el ritmo frenético de la vida contemporánea, se trata de resistir a la velocidad desde un posicionamiento sereno, calmo, para que pueda surgir el encuentro con una misma en el ejercicio de caminar, encontrándose la persona sola con sus pensamientos, su flujo sanguíneo, su respiración, sus sensaciones y emociones. Caminar en silencio incita a escucharse, a que sea la propia voz interior la que se manifiesta en cada paso que se da, en cada cosa que encuadra nuestra mirada. Todo esto siempre puesto en relación con el espacio en el que se camina, la calle, el barrio, las personas que lo habitan. Se trata de estimular una conciencia de la propia presencia en el presente en relación con otras y otros en un mismo espacio.

La autora reflexiona acerca de los "diálogos posibles entre el caminar y el proceso de formación educativa a través de acercamientos a experiencias corporales surgidas del caminar". Manifiesta las múltiples diferencias entre mantener el orden de una sala de clases con estudiantes de enseñanza básica a llevarlos a caminar fuera de las cuatro paredes que les rodean para mirar con otros ojos el espacio que viven, reconociéndose y reconociendo. Plantea la importancia de las experiencias corporales en los procesos de creación y educación humana y especialmente la del caminar que posibilita el encuentro acucioso con pequeños elementos que no siempre vemos ni prestamos atención. El caminar posibilita abrir la mirada, fijarse en lo que no hay tiempo para mirar ni sentir.

Dramaturgias en resistencia de Daniel Furtado es el artículo que cierra el libro y que nos instiga a reflexionar en torno a la variedad de maneras existentes en que lo político se pone en escena hoy, presentando también la inclinación por temas políticos por parte de las y los creadores que sienten, piensan y materializan sus intereses y "obsesiones" escénicamente.

El autor dirige su mirada hacia la unificación entre las motivaciones políticas y las opciones estéticas de cuatro trabajos escénicos: "Tereza da Silva" creado por la Compañía Teatral Hijas de Tereza, escrito y dirigido por Ingrid Duarte en el año 2016; "Escenas 64" de Shay Beatriz; "Negro es el lugar donde vivo" creado por Naiane Ribeiro en 2019 y "Lama, una performance" creada por Maria Falkembach y Daniel Furtado. Estas puestas en escena exponen problemáticas de racismo, dictadura, derechos humanos, género y crimen ambiental, todos ellos montajes concebidos a partir de una perspectiva comprometida y practicante.

El texto pone de manifiesto la necesidad urgente de crear escenas comprometidas que denuncien y evidencien las desigualdades de nuestras estructuras de poder y que cuestionen la organización y los hábitos de las personas que viven en la misma sociedad. Las escenas descritas en el artículo provienen de los deseos de las y los creadores por tocar temas que les atañen directamente situándose desde una posición particular y un punto de vista personal único e irrepetible, se trata de profundizar en temas y problemáticas que generen incomodidad y que sean de absoluta necesidad de poner enfrente de todos quienes no quieren mirar.

Daniel Furtado nos invita a tomar un posicionamiento claro con nuestra realidad y a optar por temáticas políticas como estrategias de sobrevivencia y resistencia sin abandonar nunca el deseo profundo de transformar la sociedad.

Para finalizar quisiera dejar por escrito el aprendizaje que obtuve al leer este libro. Todos los artículos que lo componen presentan temas y problemas de gran importancia en los procesos pedagógico-artísticos y artístico-pedagógicos manifestando la belleza del interés de cada autora, de cada autor, el compromiso puesto tanto en la escritura como en las prácticas descritas.

Agradezco profundamente la invitación a escribir este prólogo (no es cosa fácil, pero es un ejercicio placentero y de gran responsabilidad). Tener la posibilidad de conocer y entrar en sintonía con lo que están pensando teatristas brasileros, expande mi perspectiva latinoamericana y crea lazos en el aquí y ahora de la escena teatral entre Chile y Brasil.

Invito alegremente a recorrer las páginas de este libro que contiene pura preocupación por la formación de un mundo mejor a través de la creencia en las y los seres humanos, así como también el latente deseo que atraviesa todos los textos: la transformación de nuestras sociedades.

¡Buena lectura!

Valparaíso, julio de 2023

Maritza Faría Cerpa

I
Pedagogías del ayer y del hoy

Paucartambo/Perú y sus máscaras: puentes con el aquí y ahora

Vilma Campos dos Santos Leite

En este artículo, comparto el contexto de la fiesta de Nuestra Señora del Carmen en Paucartambo, Perú y de sus máscaras, a partir de mi investigación de posdoctorado titulada *Brincantes*[2] enmascarados en la cultura popular: posibilidades para la formación del artista escénico en la contemporaneidad. Destaco en este proceso, el uso de estas máscaras andinas por actores en formación y las conexiones realizadas por ellos con su cultura de origen.

Referencias enmascaradas en el trabajo del actor

Desde hace veinte años, he dirigido algunos procesos de iniciación teatral con las nuevas generaciones utilizando la media máscara expresiva de la *Commedia dell'Arte*. La dificultad que he visto en este tiempo, en el proceso de formación de artistas y profesores de teatro es, precisamente, cómo dar vida a estas máscaras en diálogo con el tiempo presente. Al tener contacto con la iconografía de siglos anteriores, por más que siga el camino que aprendí con Tiche Viana en la *Escola Livre* de Teatro de Santo André - SP, a principios de los años 1990, de traer el aprendizaje al contexto de un grupo, hay una tendencia, entre los estudiantes en formación, de reproducir las posturas de la máscara de la *Commedia dell'Arte* en sus aspectos técnicos, pero sin una apropiación más flexible en el ejercicio de cada una de ellas para ponerlas en diálogo con el presente.

Ese desafío, de dialogar con el aquí y ahora en el proceso de formación, me ha hecho consciente de mi falta de referencias de otros tipos de máscaras en mi trabajo como docente, a pesar de que entienda que la *Commedia dell'Arte* tiene una representación bastante especial en la cultura

[2] *Brincante* es el nombre dado a las personas que participan y se presentan en colectivos y grupos de tradición popular en las fiestas populares brasileñas.

teatral. Para citar apenas tres razones, se podría mencionar como el momento de profesionalización del oficio del actor, de la inclusión de la mujer a la escena (Carvalho 1989) y de la propia valoración de una tradición no vinculada al textocentrismo (Roubine 1998).

A pesar de la relevancia de una tradición teatral como la de la *Commedia dell'Arte*, empecé a considerar la posibilidad de buscar tradiciones de máscaras de la cultura popular en Brasil y otros países de América Latina, imbuida de la creencia de que otras tradiciones de máscaras también podrían traer aspectos esencialmente humanos y arquetípicos, tanto como las máscaras de la *Commedia dell'Arte*. En este caso, ¿existiría también la dificultad de un diálogo con el aquí y ahora? ¿La naturaleza lúdica presente en estas máscaras no sería un facilitador para el ejercicio de estos actores en formación en consonancia con su tiempo?

Fue con ese propósito que en 2016 realicé la investigación de posdoctorado titulada "*Brincantes* enmascarados en la cultura popular: posibilidades para la formación del artista escénico en la contemporaneidad" bajo la supervisión de Suzi Frankl Sperber, en el Programa de Posgrado en Artes de la Escena del Instituto de Artes de UNICAMP (Universidad de Campinas), con una beca PNPD (Programa Nacional de Posdoctorado) / CAPES (Coordinación de Perfeccionamiento de Estudiantes de Nivel Superior)[3].

En esta investigación, trabajé específicamente con las máscaras de la Fiesta de Nuestra Señora Del Carmen en la ciudad de Paucartambo, Perú, debido a su confección, acabado y refinamiento que favorecen la percepción de elementos de su teatralidad. Por otro lado, porque algunas de estas máscaras ya han sido utilizadas por el grupo *Yuyachkani,* que utiliza sistemáticamente la tradición de máscaras de su país en su trabajo teatral. De acuerdo a los estudios de la antropóloga Gisela Cánepa Koch, esta fiesta saca a la luz conflictos históricos, como la relación entre el trabajo y la migración, materializando un proceso de intercambio entre nativos y

[3] El Programa Nacional de Posdoctorado (PNPD) financia prácticas de posdoctorado en Programas de Posgraduación (PPG) recomendados por la Coordinación de Perfeccionamiento de Alumnos de Nivel Superior (CAPES) y la cuota de esas becas varían y son definidas a partir del desempeño trienal de esos programas que seleccionan y acompañan los planes de los becarios.

extranjeros. Observo que la configuración de estas máscaras contribuye a llevar adelante un trabajo con máscaras también en suelo extranjero, teniendo en cuenta la temática "territorial" tan explícita en la fiesta.

En el primer semestre de la investigación entré de lleno en la búsqueda de registros bibliográficos e iconográficos, y también hice investigación de campo durante el período de la fiesta. En el segundo semestre, destaco como una acción significativa la realización de talleres en suelo brasileño para poner en práctica posibilidades de diálogo de las máscaras andinas con nuestra realidad y tiempo.

En el presente texto, comparto el contexto de esta fiesta y sus máscaras, buscando resaltar las conexiones que percibo en ellas más allá de su lugar específico. Además, traigo algunas declaraciones de participantes en uno de los talleres, evidenciando el diálogo que hicieron con su propio tiempo y lugar.

Conociendo Paucartambo y sus máscaras

La ciudad de Paucartambo es la capital de la provincia del mismo nombre, ubicada en la frontera entre la sierra y la selva peruana. Se encuentra a 2.906 metros sobre el nivel del mar y a poco más de 100 km de la ciudad de Cusco.

En el período preincaico, la región estaba habitada por algunas etnias nativas y en el período incaico era ruta hacia la selva de *Qosñipata*, que da origen a su nombre: Tambo, lugar de descanso y depósito de alimentos, y "Paucar", nombre de uno de los generales incas. El nombre también se traduce comúnmente como lugar florido.

Desde la época colonial, la región se destacó por sus productos agrícolas como el trigo y el maíz, la producción de ganado, el caucho, la madera, el oro y la coca. Tanto es así que entre los años 1785 y 1800, el rey Carlos III ordenó construir un puente de piedra sobre el río, debido al intenso tráfico que venía desde Cusco, Puno, Arequipa en Perú, así como de Bolivia, Argentina y España. Aunque en los años ochenta del siglo XX se construyó un nuevo puente para que pasaran los camiones, el puente de piedra original aún se conserva para que lo atraviesen peatones y es uno de los símbolos más importantes de Paucartambo y de su fiesta principal.

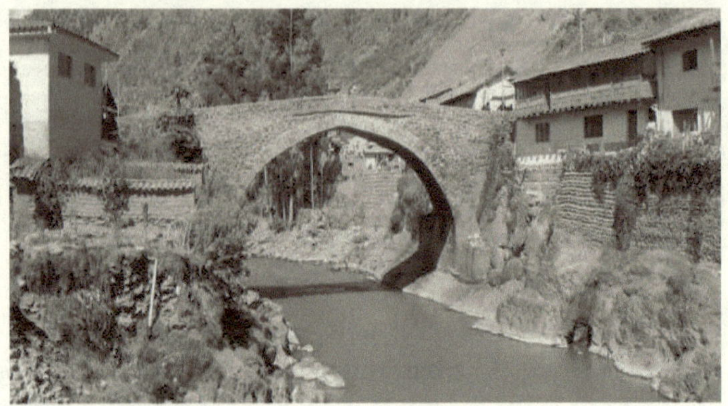

Fig. 1 - Disponible en: http://www.magicalandes.com/media/2889adcc-16c0-48a2-9e50-1ae0e9b181ab-carlos-iii-colonial-bridge-over-river-mapacho-paucartambo-c

Antes de la construcción de este puente, el pueblo estaba ubicado en la llanura de *Kallipata* y estaba habitado por indios devotos de Nuestra Señora del Rosario. A pesar de que la imagen de esta santa estaba en la iglesia, es Nuestra Señora del Carmen, una santa extranjera, la que tiene la fiesta más importante. Hay varias versiones sobre la aparición de su imagen. La imagen del puente es muy emblemática para simbolizar Paucartambo, ya que su construcción está dentro de un contexto histórico en el que el comercio y la administración favorecen el desarrollo de algunas rutas comerciales que permiten a los agricultores, autoridades, comerciantes y artesanos españoles y mestizos llegar a esta región. Además, la conexión metafórica del puente como unión del mundo interior de esta región con el mundo exterior, no es casual, como significado de esa fiesta (Koch 1998, p.43).

En los primeros días de julio, el paisaje de la ciudad comienza a cambiar, incluso las fachadas de las casas y los comercios son repintados de azul y blanco. Todo se centra en la preparación de la fiesta. Muchos de los bailarines o danzantes que nacieron en Paucartambo, pero que viven en otras ciudades de Perú, comienzan a llegar para los festejos.

La máscara que puede ser considerada protagonista en esta fiesta es la del *Qhapac Ch'unchu* (fig. 2) que representa a los nativos habitantes de la selva en el valle de *Q'osnipata* desde la época preincaica. Son regiones que posteriormente fueron conquistadas por los Incas en su imperio (1438 a 1533) y donde se refugiaron después de la llegada de los españoles en la región de los Andes.

En 1700, los españoles invadieron *Q'osnipata* y establecieron cientos de haciendas para productos como caña de azúcar, piña, entre otros. Una de estas haciendas se llamaba "Asunción" y tenía negros esclavos venidos de la costa peruana. El dueño de la hacienda sospechaba que los esclavos querían escapar y entró donde estaban y vio que adoraban algo. Pensó que era algo pagano, pero era el busto de la Virgen María y él mandó hacer un cuerpo completo de madera para esa imagen que comenzó a ser llevada a Paucartambo durante la época de Corpus Christi para luego regresar a la hacienda.

Los nativos estaban cansados de ver sus tierras atacadas por extranjeros que no respetaban la naturaleza y se rebelaron saqueando la hacienda Asunción. Encontraron la imagen que salía en procesión en Corpus Christi y la impresión es que vieron a una mujer. Con tres flechas le dieron en el ojo, el pecho y el abdomen y al verificar que era una imagen, la tomaron como trofeo de guerra y la ofrecieron al río Amaru Mayu, que posteriormente pasó a llamarse río Madre de Dios.

Después de un tiempo, una plaga cayó en la selva afectando a los nativos. El jefe soñó con una mujer blanca diciendo: "Ven a Paucartambo que voy a curar a tus hijos". Y el sueño se repetía. Y él salió con sus caballos y sus subordinados. Cuando llegó a la puerta del templo del pueblo, encontró la imagen de Nuestra Señora del Carmen que había ofrecido al río Amaru Mayu. Era la mujer de sus sueños y que libró a los nativos de la plaga. A partir de ahí, los *Ch'unchus* juraron proteger y estar al lado de la mujer que los salvó.

Esta versión del origen de la fiesta se encuentra en el museo de Paucartambo y es compilada del relato de Efraín Júnior Jurado Salas, rey de los *Ch'unchus* en 2013, pero existen muchas otras variaciones que explican la importancia de este grupo o comparsa en la fiesta.

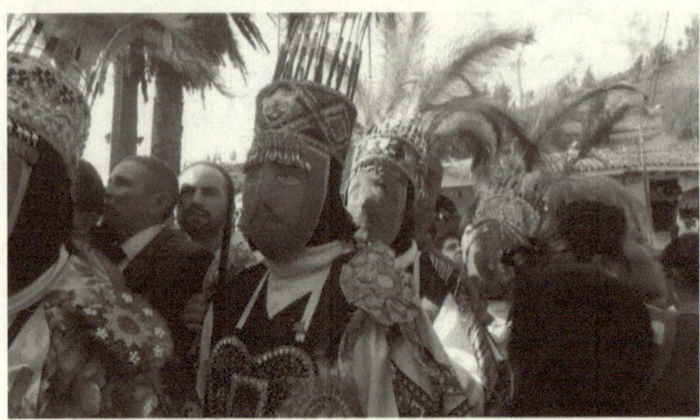

Fig. 2 - Foto de Vilma Campos de los *Qhapac Ch'unchu* durante la fiesta de Paucartambo en 2016.

Mientras la máscara de los *Ch'unchus* está hecha de tela, la máscara de los segundos protagonistas del grupo o comparsa de los *Qhapac Qolla* está hecha de lana y su ropa con fibra de vicuña. Incluso su vestimenta suele incluir una vicuña disecada. Vienen de *Qollao* o la región del Altiplano, donde se encuentra actualmente Puno y el lago Titicaca. Paucartambo es ruta para la comercialización de los *Qollas,* que intercambian productos como queso, tejidos, jarrones de barro y coca.

Una de las narrativas cuenta que la imagen de la mamá Carmen estaba en una de las cargas de los *Qollas* y por eso vienen anualmente a Paucartambo para recuperar a su protectora. También dicen que realmente vinieron dos imágenes de Nuestra Señora del Carmen de España. Una destinada al Altiplano y otra para Paucartambo, pero intercambiaron las dos imágenes y por eso, los *Qollas* vienen en procesión para rescatarla. Ellos cantan en *quechua* (lengua de los nativos precolombinos) y hablan de los sacrificios que hacen para llegar al pueblo para saludar a la santa y la tristeza de despedirse. La *Imilla* (que en la lengua nativa significa mujer adolescente) es la mujer del jefe, un hombre que se viste con ropa femenina y que usa una tela negra en el rostro.

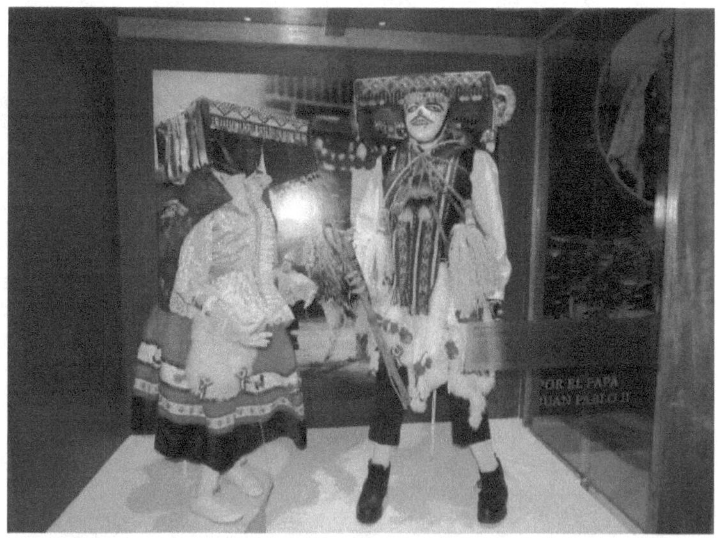

Fig. 3 - Foto de Margareth Louise. Exposición de la máscara y vestuario de *Qhapac Qolla* e *Imilla* en el Museo de los Pueblos de Paucartambo.

En 2016 hubo veinte grupos o comparsas presentes en la fiesta. Todos con una máscara principal, que es usada por todos los integrantes, aunque en cada grupo puede haber una segunda máscara única, como en los *Ch'unchu* y en las *Ch'unchachas*[4] donde hay un bailarín disfrazado de mono (fig. 4) que puede ser un bufón, que usa silbatos de madera, o incluso la *Imilla* de los *Qolla* (a la izquierda en la fig. 3).

Las distinciones de la máscara dentro de una misma comparsa están a veces ligadas a la figura de un cómico, del jefe o de la presencia de figuras femeninas. Estas últimas están presentes en grupos como los Panaderos y las Panaderas, y también en los grupos de los *Chukchus* como

[4] "Danza en la que solo participan mujeres que personifican a las mujeres nativas de la selva. La tradición oral cuenta que hace siglos esa danza daba brillo a la fiesta, sin embargo, fue prohibida, posiblemente por la sensualidad de las bailarinas. En 1993, reapareció y desde entonces numerosas jóvenes desean bailar en ellas" (Tomado de CUSCO 2016 55)

enfermeras. Estas máscaras son bastante similares y mucho menos grotescas, a veces cambiando solo el color de los ojos de azul a verde.

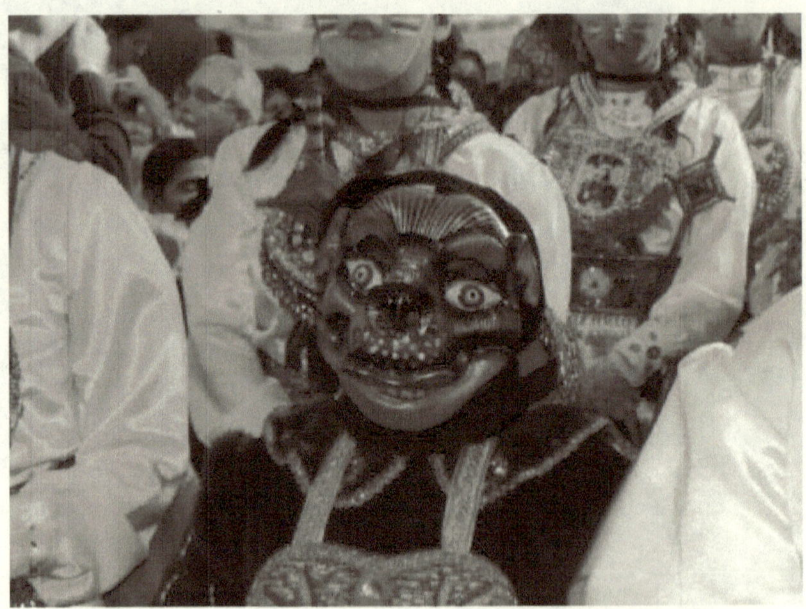

En la Fig.4 - Foto de Margareth Louise del 15 de julio de 2016, momento en que cada grupo entra en la iglesia. En el centro hay un mono y alrededor hay *Ch'unchachas*.

Además de las máscaras del *Qhapac Ch'unchu y Chapac Qolla*, traje de mi viaje de campo máscaras de otros nueve grupos o comparsas (ver tabla 1). He utilizado estas máscaras en talleres con estudiantes de teatro y he observado los posibles diálogos entre estas máscaras y nuestra realidad, a pesar de que provienen de un contexto tan singular en el que se entrelazan personajes cómicos y devotos.

Auqa Chileno	Representa a los soldados chilenos que invadieron Perú durante la guerra de 1879-1884. Existe una referencia más antigua con la representación de esta máscara como un ladrón. Ahí se establece una unión entre ladrón y enemigo en el caso chileno. "*Auqa*" tiene la doble connotación de enemigo y guerrero.
Chukhu	Representa a los peones que iban a la selva a trabajar y se enfermaban de malaria. Lleva el temblor de los enfermos y puede ir acompañado de enfermeras con medicinas y jeringas. Ellas se levantan sus faldas divirtiendo al público y realizan otras travesuras. Actualmente hacen referencia a otras enfermedades como el cáncer y el SIDA.
Majeño	Comerciante de aguardiente y otros productos de la región de Arequipa que llega montado a caballo. Lleva una botella de cerveza que es el símbolo de su comercio y al caporal o jefe de esta comparsa lo acompaña una dama que utiliza una máscara femenina.
Maqt'a	"*Maqt'a*" significa joven, muchacho, soltero, simbolizando al indígena nativo de los andes. Expresan la creatividad y el humor del hombre andino provocando la risa y la diversión, en contraposición a la visión de un hombre taciturno. Utilizan una especie de látigo y en parejas duelan con este instrumento demostrando coraje, habilidad y valentía.
Negrillo	Jóvenes negros esclavizados. Trabajan dentro de la casa grande y no en el campo. Un ejemplo de sus tareas diarias es pisar la uva. El sonajero que llevan representa el sonido de las cadenas.
Panadero y Panadera	Representa al panadero, la profesión más tradicional de Paucartambo. Distribuye pan entre los espectadores y lanza harina. Originalmente, los que participaban en este grupo eran panaderos de profesión. Su vestimenta se ha ido refinando con el paso de los años y hoy en día posee bordados muy trabajados.
Qhapac negro	Representa al hombre que fue esclavizado y llevado a trabajar en las minas de oro. Llevan cadenas y también un accesorio llamado *maki*, que tiene la forma de un brazo rojo con una mano derecha cerrada y el pulgar hacia el exterior.
Saqra	"Diablo". Es un travieso personificado por animales como murciélago, cerdo, perro, gallo, entre otros. Ellos están en un juego de poder con la santa, intentan mirarla y al mismo tiempo no pueden hacerlo de frente.
Wayra	Es un abogado o autoridad corrupta y abusiva con los pobres o los indios. Está más preocupado en salir con mujeres y beber que en dedicarse a la justicia. Amenaza con las leyes y los libros. Estos últimos también se usan para golpear.

Tabla 1

Aún hay máscaras de comparsas que no he logrado obtener. Entre las máscaras hechas de malla están las de *Waka Waka*[5], *Contradanza*[6], *Kachampa*[7], *Mestiza Q'oyacha*[8] y *Danzaq*[9].

Al principio, planeé que mi enfoque estaría centrado en las máscaras más cómicas de la fiesta, como *Qollas, Maqt'as, Wayra y Majeno*, sin embargo, durante mi estadía en Paucartambo y en otras ciudades del Perú, me di cuenta de que hay toda una cosmogonía andina que me hizo comprender que las máscaras se complementan entre sí, y que, aunque algunas sean más risibles que otras, es necesario considerar que ciertas limitaciones previas no contribuyen en este caso, como menciona Miguel Rubio Zapata:

Cada época histórica, cada comunidad, crea sus particularidades teatrales, sus formas de asumir lo representacional, sus ritos, narrativas, personajes, etc. En consecuencia, al buscar las teatralidades ancestrales, así como su continuidad en el tiempo, supone cuestionar algunos supuestos generalizados y preestablecidos como universales e inamovibles en el tiempo. (Zapata 20167)

De esta manera, en mi experiencia con la fiesta, abrí mi mirada a todas las máscaras, independientemente de que sean más dramáticas o cómicas. Me di cuenta de que esto era necesario, en coherencia con la flexibilidad que estaba proponiendo, de utilizar las máscaras durante talleres de máscaras, en diálogo con las referencias de origen de los participantes y no solo con el lugar de Paucartambo. Por lo tanto, cuando propong

---

[5] Es uma representación antigua de las corridas de toro españolas hecha por los campesinos.

[6] Alude al trabajo agrícola con expresiones muy serias y trazos europeos. Una sátira a los bailes de salón de la época de la colonia, por eso el jefe o *Machu* tiene apariencia grotesca con una máscara de yeso o de papel maché, con nariz muy grande y bigotes largos.

[7] Jóvenes guerreros incas. Coreografía que aluden a lucha y triunfo guerrero. Son de la selva.

[8] Parejas de jóvenes agricultores. Única danza de jóvenes de a dos, generalmente solteros. Relacionado al culto de la *Pachamama* (madre tierra) y a la apropiación de las relaciones amorosas entre jóvenes.

[9] Personaje mítico, erótico, seductor, consolador de viudas y terror de las casadas. Jóvenes solteros la bailan. Es una danza moderna como *Paucartampus, Misti Qanchi, Chunchacha.*

conocer el contexto original de estas máscaras y el propio desarrollo cronológico de la fiesta en el siguiente apartado, es más hacia una posible comprensión para las posibilidades de conexión con el aquí y ahora.

Fe, feria y fiesta – el programa de la fiesta

Llegué a Paucartambo el 12 de julio de 2016 y muchas personas también habían venido desde Cusco para la fiesta, tanto en bus como en van. Algunos llevaban colchonetas, carpas y muchos otros artilugios. Después de conocer mi alojamiento, fui a la iglesia, curiosa por ver en persona la imagen de la santa que había admirado tantas veces por fotos en internet y en libros.

Algunas mujeres estaban adornando la imagen en el altar. Luego fui al museo y allí pude sumergirme en las imágenes y objetos de la fiesta y también acercarme a las personas que estaban trabajando, como Roger Huaman, que se encarga de la restauración, y Herberth Vizcarra, director del museo. Los empleados fueron muy amables y me invitaron a acompañarlos en su recorrido en los días previos a la fiesta.

Así fue como pude presenciar la donación de un traje de la comparsa de los *Sakras* por parte de un maestro que había fallecido ese año y acompañé su último ensayo en la víspera de la fiesta, es decir, el 14 de julio. Todos los participantes usaron, en aquel ensayo y durante toda la fiesta, una cinta negra en el brazo como señal de luto. Fue muy emocionante estar con ellos. Junto con los mismos empleados del museo, también estuve en una parte del último ensayo de los Negrillos.

En la madrugada del día 15, el primer día de la fiesta, los grupos salen a hacer visitas a los exparticipantes que por una u otra razón ya no pueden bailar en la fiesta. En el alojamiento en el que estaba fueron los *Sakras*, sin embargo, por más movimiento que haya de los grupos llegando, poniéndose sus trajes, bailando y cantando, la fiesta solo comienza oficialmente al mediodía de ese mismo día frente a la iglesia. Quienes la inician son los *Maqt'as*, que se presentan haciendo trucos y desafiándose al estallar sus látigos contra el suelo. Estas máscaras son responsables de la burla, pero también imponen el orden, ya que les abren el paso a los grupos.

La plaza y cada callejón, ya en el primer día de la fiesta, estaban llenos de vendedores que habían montado sus puestos y se retirarían solo después del día 18. En la parte baja de la ciudad, cerca al cementerio, también había muchos puestos y pequeños negocios (fig.5 a 7). Se vendían muchos tipos de productos, desde comida variada, electrodomésticos, muebles y velas, hasta artesanías.

Por la tarde van llegando los diversos grupos desde distintas direcciones, de acuerdo a la ubicación geográfica que representan. Primero, a caballo, llegan los protagonistas, es decir, los *Qhapac Ch'unchu* que son los guardianes de la santa y los *Qhapac Qolla*. A partir de ellos existe una dramaturgia que se desarrolla en los próximos días, una disputa por la santa, cuyo final todos ya conocen, pero desean vivir y presenciar impulsados por la fe, por la posibilidad de vender sus productos y por el deseo de festejar.

Hay otros dos grupos que junto con los *Chunch'us* y *Qollas* conforman el cuarteto que forma "Los grupos de danza y cuadrillas": el *Qhapac* Negro y los *Sakras* traviesos. Estos últimos son los únicos que no entran en la iglesia.

Luego llegan los grupos denominados "Danzas tradicionales" como Contradanza Majeños, *Qoyacha, Chukchu*, Panaderos, *Waka waka, Auqa* Chileno, *Kachamba, Wayra* y otros grupos llamados "Danzas más recientes" como Negrillos, *Danzaq, Pawkartampus, Maqt'as, Misti Qanchi* y *C'unchacha.*

Este es el momento en que cada grupo entra en la iglesia bailando y cantando. En primer plano vemos a un *Machu* con su dama con el grupo de los *Auqa* Chileno.

Después de pasar por la iglesia y realizar sus bendiciones, cada grupo continúa bailando, cantando y celebrando en la plaza, las calles y la sede dedicada a cada grupo. En todos los días de la fiesta, estos espacios están abiertos y el público en general puede entrar a divertirse y compartir comida y bebida.

Durante los días de la fiesta, por muy temprano que fuera, se escuchaban tambores y cantos, que no cesaban durante horas e incluso en la madrugada se podía escuchar el eco de la música.

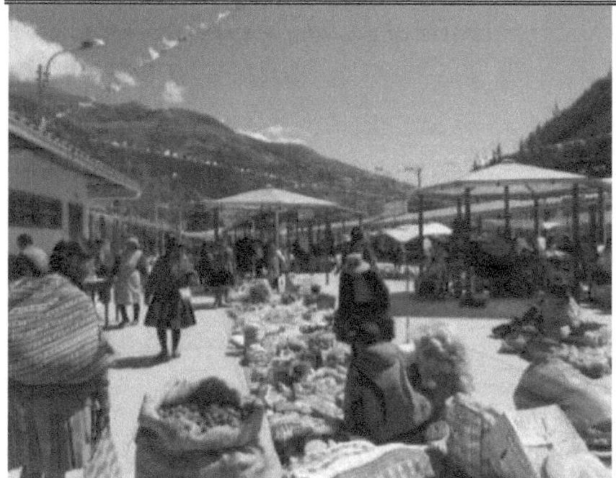

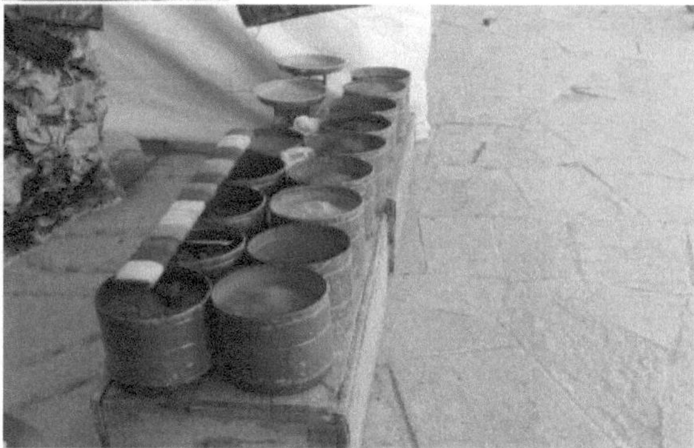

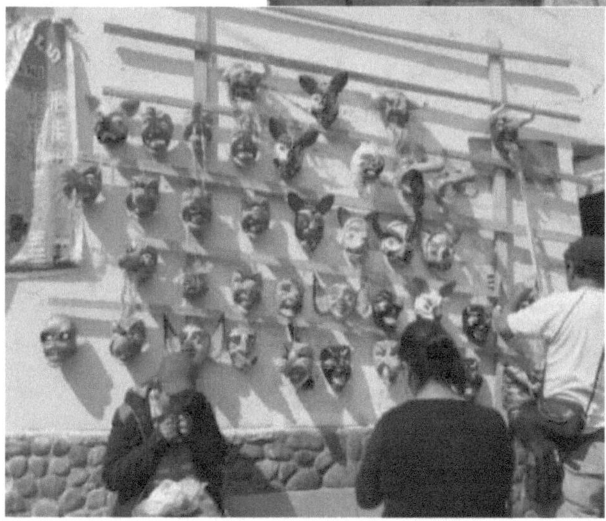

Fig. 5 a 7 - Foto de Margareth Louise. Ventas en puestos – la feria en el contexto de la fiesta.

En la noche del primer día, tenemos el *Qonoy*, momento en el que el grupo de los *Qollas* enciende una fogata con la intención de prender fuego a la ciudad y llevarse a la Santa. Este momento está rodeado de juegos y fuegos artificiales, y los *Qollas* intentan meter a personas de la audiencia en la fogata y en un momento dado, los *Ch'unchus* descubren la intención de los *Qollas* de provocar un incendio y lo impiden.

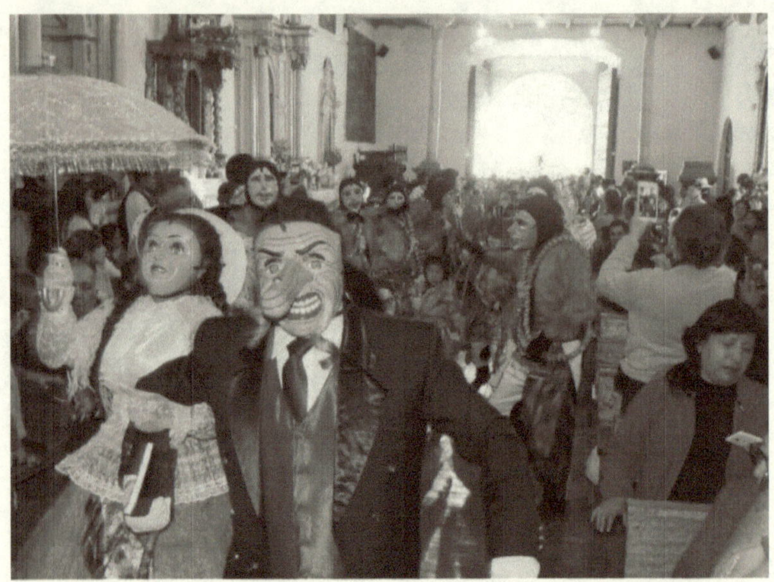

Fig. 8 - Foto de Margareth Louise el 15 de julio de 2016.

Todavía en este primer día, a medianoche, todos los grupos bailan, pero sin máscaras o disfraces vistosos. Todos llevan trajes civiles, pero hay una uniformidad en la forma de vestir. La fiesta continúa durante toda la noche y prácticamente se junta con el día principal, que es el 16 de julio.

En la mañana temprano hay una misa y los grupos deben participar en ella. Es un momento con mucha gente en la iglesia y es difícil entrar. El momento es de fervorosa fe entre los presentes, que continúan rezando, cantando y bailando.

En la plaza, algunos de los *Qollas* arman un escenario alto en el centro con follaje. Este momento se llama Bosque. Como comerciantes que son, ponen varias de sus pertenencias para ser distribuidas entre la población como una forma de pedir perdón por la intención de la noche anterior de prender fuego a la ciudad. Desde muñecas, artesanías, camisetas, frutas, colchones, llantas, pelotas y cualquier cosa que se pueda imaginar. Algunos de estos *Qollas* también se quedan en los balcones de los edificios alrededor de la plaza. Todos los presentes gritan y se divierten queriendo ganar alguno de los objetos. La estrategia, al estar en los balcones, también tiene como objetivo saber dónde están los *Ch'unchus*. Es decir, es una estrategia de guerra para continuar la lucha.

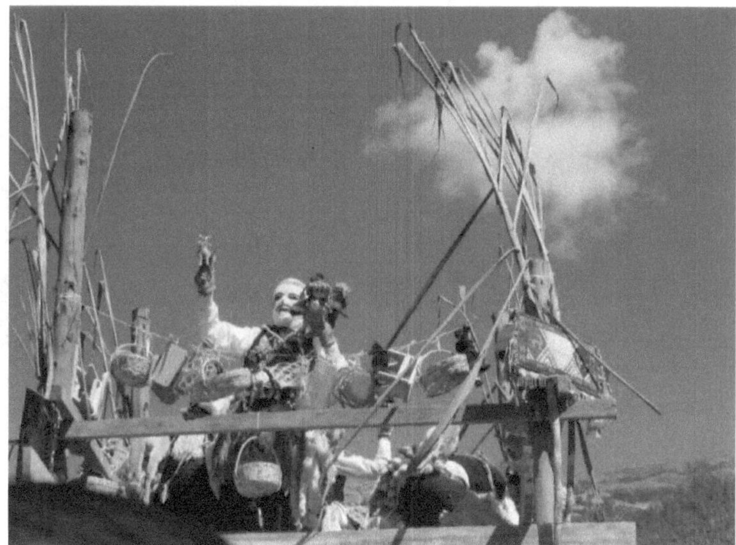

Fig. 9 - Foto de Margareth Louise. Un *Qolla* en el momento del Bosque - 16/07/2016.

En la tarde, después de almorzar en sus sedes, se lleva a cabo la procesión. Durante este momento, es posible ver a los *Sakras* en los balcones y los techos. A ellos les gusta la santa, pero no pueden mirarla de frente y hacen una coreografía en la que cubren sus rostros con las manos cuando ella pasa. Esta ambigüedad es muy interesante de apreciar. Según la tradición oral, los *Sakras* representan a las personas que llegaron para construir el puente de piedra Carlos III en el siglo XVII y que caían al río. Hay una figura llamada *China*, que es una mujer y hay niños que son mascotas. En la figura 10, se puede notar que la Santa está a la derecha de la foto porque todos miran hacia ese lado y en la figura 11, en un detalle sobre la santa, se puede ver una especie de sombrilla que la protege, similar a la que se usa en las andas del Inca, como está registrado por el cronista Huamán Poma de Ayala. Es algo que llama la atención porque muestra que hay elementos de la cultura precolombina que están superpuestos, integrados y en lucha. (Zapata 2001)

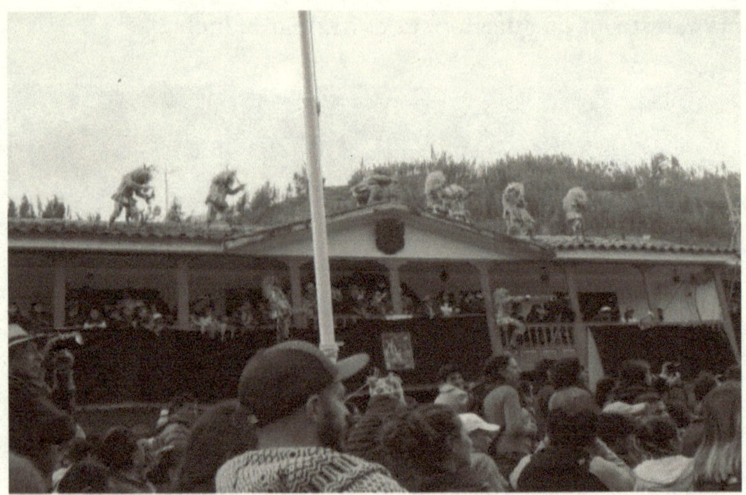

Fig. 10 - Foto de Margareth Louise. *Sakras* durante la procesión de la Santa.

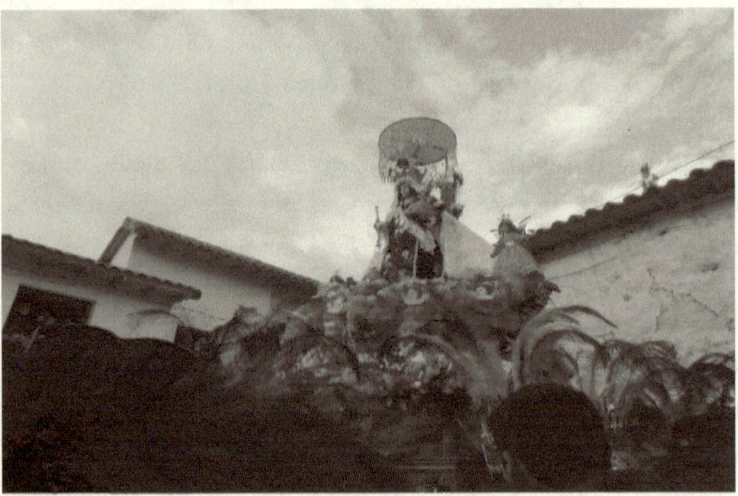

Fig. 11 - Foto de Margareth Louise - *Procesión* del día 16 de julio.

El tercer día de la fiesta, el 17 de julio, por la mañana los grupos se dirigen al cementerio donde rezan, cantan y bailan por aquellos que han partido. Al igual que en las plazas, hay mucha bebida como cerveza y comida. Allí, algunos grupos castigan a los participantes que no han tenido un buen comportamiento durante el año y también hay quienes hacen el bautismo para que los nuevos participantes entren. En momentos como este, en los que la fiesta se mezcla con la fe, también se puede apreciar el sincretismo entre la cultura prehispánica y la andina, ya que esta última tiene una concepción de la muerte vinculada también a la fiesta, con la posibilidad de bailar, cantar, comer y beber.

Después del almuerzo que se lleva a cabo en cada sede, se realiza una segunda procesión, un poco más corta que la del día anterior. La Santa va hasta el puente y bendice los cuatro puntos cardinales, ella debía irse, pero fue tan bien tratada en la ciudad que decide quedarse y regresa a la iglesia.

Se inicia la Guerrilla, el momento más importante de la fiesta. *Los Panaderos* entran repartiendo pan, los *Chukchus* dramatizan sus enfermedades y buscan curas, también ocurre la muerte del toro por los *Waka Waka*, y así van pasando todos los grupos, con gran protagonismo de los *Maqt'as*, que hacen varias bromas. Los *Qollas* cierran los tres accesos a la plaza y comienzan su ataque. El jefe de los *Ch'unchus* organiza a sus soldados y también captura a la *Imilla*, la mujer de los *Qollas*. Cada vez que matan a un *Qolla*, dramatizan su muerte con dos tubos que atraviesan los ojos de la máscara, y cada *Qolla* es llevado en el carro de fuego de los *Sakras*. Los *Qollas* se disfrazan para escapar de la persecución y usan diferentes trucos. Cuando el jefe de los *Qollas* es asesinado, termina la Guerrilla. Es interesante que poco antes de la entrada de los *Qollas*, los vendedores ambulantes ofrecen capas de lluvia, porque todos saben que habrá lanzamiento de líquidos, harina y otros objetos en esta diversión. Los *Qollas* se van y prometen volver al año siguiente. La fiesta continúa durante toda la noche. Muchos visitantes se van, pero al día siguiente los grupos aún realizan actividades en la iglesia.

Fui percibiendo la dramaturgia de la fiesta y cuánto está envuelta en la feria también. Fue impresionante presenciar que los momentos de fe no se limitan a los ocurridos dentro de la iglesia y la procesión. Fue un estado que vi en cada participante, independientemente de la *comparsa*. Quedé impresionada con la iglesia llena prácticamente las 24 horas durante los días de celebración, con los enmascarados tocando, cantando y bailando en un relevo continuo. La fiesta siempre mezclada con la fe y en comunión con aspectos de la feria. Y fue así como finalicé el recorrido del viaje de campo retomando las palabras: Fiesta, Fe y Feria como si fuera un mantra o un estribillo.

Los Talleres

Las máscaras que traje de Paucartambo fueron hechas por Julián Mejía Ramírez, profesor de la Escuela de Bellas Artes de Cusco, que trabaja con fibra de vidrio, un material ligero y duradero que me pareció muy pertinente para los talleres planeados dentro de la investigación.

Durante las primeras etapas de cada taller, comprendí que era importante contextualizar el lugar de origen de la festividad, así como el nombre y el significado de las máscaras, ya que llevan consigo visiones del mundo y aspectos ancestrales de una cultura que aprecio y admiro. Por esta razón, tuve mucho cuidado en mantener un diálogo respetuoso con la alteridad de estas máscaras.

Durante el primer taller, preparé copias con imágenes de las máscaras junto con los trajes y descripciones de sus principales características. Este material se plastificó en tamaño A4 para que todos pudieran ver, manipular y apreciar las fotos y el texto escrito.

Realicé cuatro talleres: los dos primeros en la ciudad de Uberlandia/MG, el tercero en Crato/CE y el cuarto en Barão Geraldo/Campinas/SP. A partir del segundo taller, también noté la necesidad de mostrar videos de la fiesta, pensando "Ya que no puedo llevarlos hasta allá, quisiera poder llevar la mayor cantidad posible de ese contexto a los participantes". Hay una gran cantidad de material disponible en internet y no descarté este recurso cuando fue posible, pero prioricé la edición de los registros que traje del viaje de campo, revelando mi mirada y mi respeto y siempre considerando y problematizando cómo no ser extractivista y actuar con ética. Además, tuve la posibilidad de obtener registros de los propios participantes sobre su experiencia al utilizar las máscaras de Paucartambo en sus rostros.

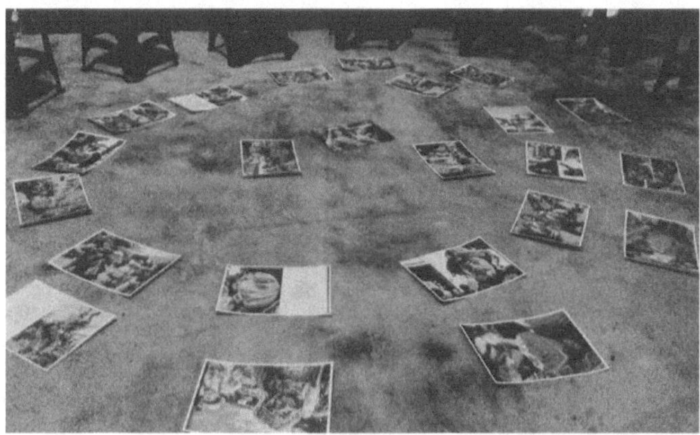

Fig. 12 - Foto de la producción del evento de Mascaras do Carirí- Disposición de información sobre la máscara durante el tercer taller.

Durante los talleres, también estuvo presente la tríada "fe, feria y fiesta" (no necesariamente en ese orden), que mencioné al final del ítem anterior. Recuerdo que al disponer las máscaras en la sala de trabajo cada día del taller, me acercaba a la forma en que los productos se venden en las ferias.

Se puede ver la similitud entre esta organización de máscaras y los trajes en la Figura 13 y en la forma de venta presente en la ciudad, según las Figuras 5 a 7.

Durante la reflexión sobre mi experiencia, me di cuenta de cómo mi estancia en Paucartambo influenció incluso en la manera de organizar el espacio de los talleres como en una feria. Para esta organización, siempre intenté llegar con al menos una hora de antelación al inicio de cada reunión de los talleres, y considero que el tiempo de preparación funcionó como un calentamiento y una aproximación a un encuentro con estas máscaras y su universo.

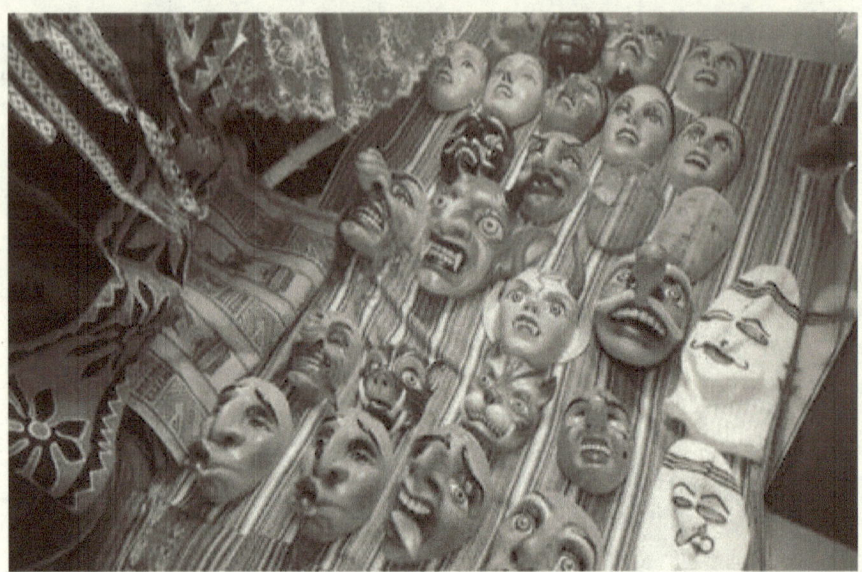

Fig. 13 - Foto de Vilma Campos. Máscaras que trajo de Paucartambo.

Durante cada día de trabajo con las máscaras de Paucartambo en los talleres, también sentí la necesidad de tener un momento más ritualista y empecé a encender el *palo santo*, que es una especie de madera sagrada que se encuentra en árboles de Perú, Ecuador, Bolivia y Mato Grosso, Brasil. Este pequeño acto con el fuego me ayuda a reconectarme con el ambiente de origen y los aspectos de la fe. Obviamente, no dirijo el trabajo con las máscaras a ninguna creencia en particular, aunque la festividad tenga lugar en el catolicismo, con la imagen de la santa, la misa, la procesión y las propias oraciones con velas, pero considero que la energía de la fe es significativa.

Para concluir la tríada, es decir, traer a la feria y a la fe también la fiesta, los momentos de taller fueron muy lúdicos, siempre que fue posible con música y una mesa de comida, elementos que contribuyeron mucho a un ambiente acogedor.

El taller de máscaras en el FIMC (Festival Internacional de Máscaras de Cariri)

Tenía muchas ganas de experimentar las máscaras en un contexto diferente al de la ciudad de Uberlandia10 cuando surgió la oportunidad de realizar un taller en el I Encuentro Internacional de Máscaras del Cariri (FIMC) en diciembre de 2016. Bya Braga11, quien coordinó el evento junto con Dane de Jade12, había visto el desfile de Abrace y me invitó a realizar el mismo tipo de acción en la apertura del evento en Ceará.

Once personas13 vinculadas a grupos de teatro de la ciudad de Crato u otros municipios cercanos participaron en los talleres durante el período del 5 al 8 de diciembre, con cuatro horas de trabajo diario.

En el primer día, presenté las máscaras junto con información, vídeos y los participantes experimentaron las máscaras como lo había hecho en Uberlandia en dos talleres anteriores. En los dos días siguientes, realizamos la primera mitad del trabajo dentro de un salón y las dos horas finales en una plaza cercana para apropiarnos del espacio.

Destaco ese momento de contacto con la gente en la calle porque me pareció muy significativo en el aprendizaje de los participantes. Ellos interactuaron con niños, transeúntes en general y vendedores ambulantes que trabajaban en ese espacio público. Al final del tercer día, llevé a cabo una rueda de conversación, como se detalla a continuación:

Warley - Existe un movimiento para entender que hay una persona detrás de la máscara. Pero también es importante respetar el primer momento de la mirada de un niño. Si hago un movimiento más grande, me

---

[10] He optado por traer aqui el tercer taller que realicé en la investigación para este texto y no las que antecedieron. Las dos experiencias anteriores ocurrieron en locales que conocía y eso de cierta forma era una comodidad, ya que las personas o ya tenían una referencia directa sobre mi trabajo o ya habían oído hablar de mí y participarían con confianza. Tampoco opto por el cuarto taller porque fue realizada en el contexto de la asignatura y sería necesario haber hecho los tres primeros talleres anteriores.

[11] Profesora de la Universidad Federal de Minas Gerais (UFMG) desde 1993.

[12] Secretaria Municipal de Cultura de Crato entre 2013-2016 y coordinó el Programa de Cultura SESC Ceará por 14 años.

[13]Aline Vallim de Melo. Edceu Barbosa de Souza, Faeina Jorge Oliveira de Jardim, Francisco Gonçalves Filho, Ivanilson Misael Pereira Silva, Jeani Duvall, Manoel Wonderson Silva, Maria Lucivania da Lima Silva, Warley Galdino Santos.

puedo acercar más y dar un beso. Justo lo que hablamos ayer sobre la relación con el niño.

Bárbara - Estuve pensando, no es un personaje, no es nada. Tiene mucho de esa energía. Ayer estaba más extrovertida, hoy estaba más en mí. Y cuando sales a la calle no puedes evitar contaminarte. Estaba más contenida. Salí con Aline y la señora bromeó con nosotras "sólo te doy agua". Y a mí ya me había dado un bocadito. Le dije que quería uno diferente al de ayer. Fue como crear afecto.

El fragmento que seleccioné trata del momento en que el grupo y yo estábamos hablando sobre la interacción entre ellos y las personas en la plaza. Ya habíamos salido un primer día y ellos ya habían tenido una primera referencia. Entonces, este cuidado de acercarse al niño que menciona Warley surge de esa experiencia con la salida del día anterior, así como la relación de una vendedora ambulante de alimentos en la plaza que menciona Bárbara.

A continuación, seguimos evaluando en esa dirección, pero los participantes profundizan un poco más en su percepción. Hubo una mayor implicación del cuerpo que la máscara requería, notando su propia vulnerabilidad en el espacio abierto:

Edivania - Por ejemplo, ayer cuando hice la escena afuera, la energía del cuerpo parecía querer mostrarse más que la máscara. Y hoy comencé a jugar más con la máscara porque ella ya propone muchas cosas, ya existe expresividad, desarrollamos otros mecanismos y logramos otras corporeidades para ella porque la imagen está allí. Tenemos nuestras propias experiencias corporales y creo que la máscara propone otra experiencia y comienzas a descubrir otras potencialidades físicas a partir de ella porque ya es muy expresiva.

(...)

Ivan - Hoy me gustó más. El diablo fue más receptivo, me aceptaron más. Ayer no estaba muy preparado. Estaba con tacones, cambia el cuerpo también. Hoy fue más amable, los niños me dieron la mano y también los señores. (...) Me acerqué a los taxistas, estaba un poco preocupado, pero gracias a Dios me recibieron bien. Crucé una pierna, luego la otra, toqué su pierna, pero ellos no me dejaron

(...)

Ediceu - Hoy, como segundo día, vimos la vulnerabilidad de la calle, cómo es un estado de entrega, de ruptura de los egos porque incluso estando enmascarado esto no es una protección. Estaba hablando con una chica. Fui desde el centro de la plaza lentamente, ella se iba alejando y yo me acercaba, le di la mano. Y ella estaba seria. Hay gente que no da la mano, pero está abierta a que ocurra.

(...)

Faeina - Ayer fue el descubrimiento, jugar con la arquitectura, percibir la mirada de las personas y ver la mirada de las personas. Hoy fue como si estuviera más afinada, me sentí más cómoda jugando con la arquitectura y estaba más atenta a su mirada y hoy la percibí más.

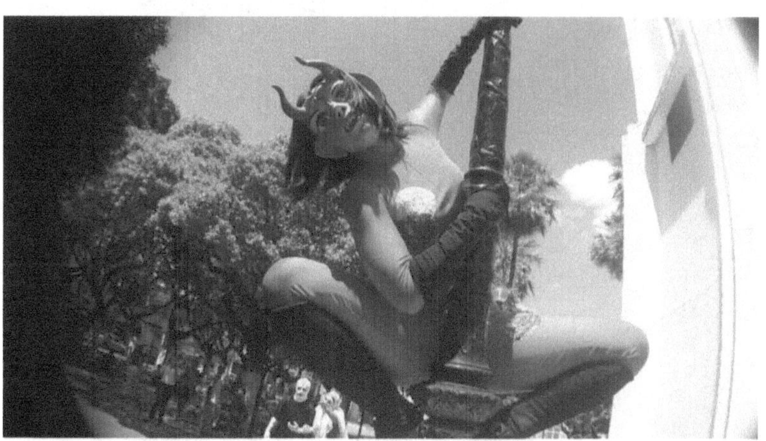

Fig. 14 - Por la Producción FIMC. En la imagen, participante con la máscara de *China* en una composición en un espacio abierto.

La denominación "arquitectura" que utilicé en el primer día y que Faeina confirmó, surge como una categoría de trabajo. En la figura 14, arriba, en composición con el espacio, esta participante explora diferentes alturas, algo que he visto con cierta frecuencia en el uso de esta máscara y que dialoga con su contexto de origen en la fiesta de *Nuestra Señora del Carmen.*

En este taller, fui mucho más explícita en cuanto a pedir a los participantes que trajeran sus referencias regionales y personales. A continuación, se muestra la declaración de Bárbara sobre este momento del trabajo y también la Figura 15 con el vestuario que ella propuso para la máscara:

Barbara - En el primer día que estábamos conociendo las máscaras, me pareció muy interesante. Tú viniste muy abierta para que relacionáramos las máscaras con nuestra cultura y nuestras experiencias. Cuando dijiste que te recordaba a Lampião, yo creé a María Bonita. Tú apuestas por algo y empiezas a crear raíces.

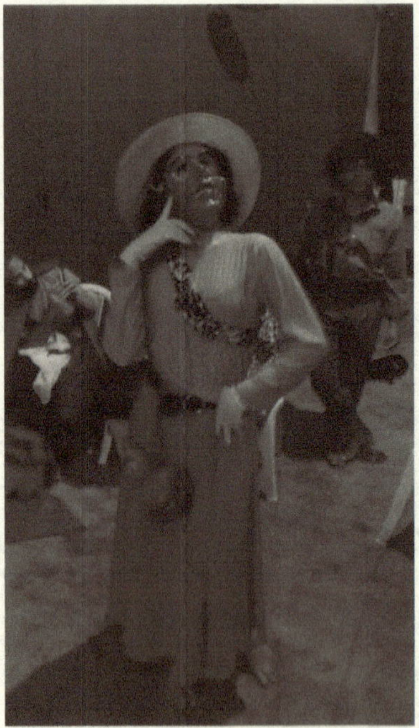

Fig. 15 - Foto de la producción del FIMC, experimentación de máscaras en sala en el taller.

Ediceu trabajó con la máscara femenina y lo que me pareció sorprendente es que, al traer los paños, hizo que la máscara se transformara en una Santa (fig. 16). Le pregunto cómo fue ese proceso, si ya lo había pensado antes y veo que es muy enriquecedora la explicación de este recorrido y el regreso que hace a la vulnerabilidad de la calle, retomando la relación que diferentes personas tuvieron con su actuación:

Ediceu - La santa surgió en lo improvisado. Fui cogiendo las telas, y claro que cuando me las puse, surgió la referencia de imágenes, pero el impulso del inicio para construir la figura fue en la improvisación. Cuando entré con el cuerpo en cámara lenta, surgió esa idea. Ahora que lo pienso, cuando fuimos a la plaza y ella se desdobla, incluso comenté con Aline la relación que se dio con la gente en la calle, esa cosa de ser algo sagrado. Una mujer me dio la mano y dijo "María Magdalena", y ahí me vino el contexto bíblico de que fue apedreada. Yo ya había creado que ella sale bendiciendo, independientemente de quién sea. Y ahí añadí, ella tiene eso de aceptar a todos, aunque la apedreen. Fui creando esas relaciones posibles a partir del experimento, pero que se dieron en el momento, y después se desdobla. No cerré la generosidad del actor, con el público y el espacio público. ¿Realmente es un espacio público que es de todos y no es de nadie? Y para todo el mundo, no tiene esas reglitas del espacio cerrado, incluso es muy marcado, como que eres la audiencia allá, y yo soy el espectáculo que ocurre aquí.

Incluso cuando es diferente, está determinado con eso, hay algo que es muy grandioso, que es el ejemplo de la chica que se negó, que es algo en lo que nos desnudamos como actores, ella se negó, que es una cosa de desnudarme como actores, ella se negó y aquí me quito la máscara y quiebro la cosa, ella se negó y me voy a reconstruir, como el niño que me abraza y me da un regalito y me da algo generoso. Encuentros y desencuentros. Es mucho aprendizaje. Esto se da sin la máscara, pero con la máscara se ve más.

En este diálogo con los participantes, voy notando lo importante que fue la salida a la calle y en dos días consecutivos, antes incluso del cortejo que tuvo lugar en el cuarto día como finalización del taller. La enunciación ocurre a partir del experimento y la percepción. Con este movimiento, me vuelvo consciente de que las máscaras de la cultura popular, como las de Paucartambo, en efecto, pueden colaborar. La máscara que aparentemente oculta una identidad terminó revelando y desvelando más. A través de ellas, experimenté con los participantes movimientos de liberación, trayendo las referencias que tenían y transformándolas en contacto con las personas presentes en la plaza.

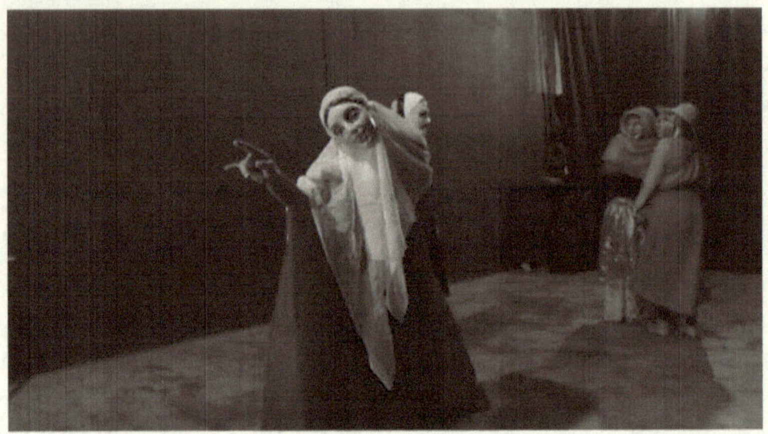

Fig. 16 - Foto de la producción del FMIC dic/201.
La máscara de una *Panadera* o Enfermera en la construcción de una santa.

Además de los fragmentos que mencioné anteriormente, hablé bastante ese día sobre las elecciones de las máscaras, las opciones de vestuario e incluso fuimos agregando elementos a las propuestas que habían experimentado, perfeccionándolas para el cortejo que tuvo lugar al día siguiente.

Para seguir adelante…

Comencé a acercarme más a las máscaras de Paucartambo a través de los talleres. Un ejemplo fue el desfile realizado en el cuarto día del taller en Cariri, que permitió un diálogo con la realidad local y trajo aspectos muy similares a los vividos en la fiesta en su lugar de origen durante el viaje de campo que realicé.

Estos elementos de la práctica que fueron explicitados en la enunciación de los participantes en la ronda de conversación (según el ítem anterior) me ayudan a seguir en la búsqueda del proceso de experimentación con las máscaras de Paucartambo, poniendo en marcha un aprendizaje continuo con las máscaras.

En primer lugar, comencé organizando el espacio, las máscaras, los trajes y la contextualización en fotos, textos escritos y videos. También consideré aspectos relacionados a los cinco sentidos humanos, como la textura de los trajes, el olor del *palo santo* y el sabor de los alimentos, así como el sonido de la música y los juegos colectivos utilizados en los calentamientos.

Y a partir de esta práctica que resumí en las palabras "fe, fiesta y feria", reflexiono más específicamente sobre el papel del cuerpo en estas máscaras, la relación de este cuerpo en el espacio abierto con la arquitectura, consigo mismo, con las otras máscaras y con el público.

Veo que el proceso hasta ahora ha sido solo un paso en un largo viaje y ha contribuido a seguir reflexionando y practicando con las máscaras de Paucartambo, buscando otros grupos y diálogos, con cada "aquí y ahora", pero sin perder la conexión con ese "allá y acá" de Paucartambo que hoy se configura como un portal, tan importante como mis primeras referencias en la *Commedia dell'Arte* y otras tradiciones enmascaradas que aún están por venir en mis estudios.

Bibliografía

Bueno, Carlos. *Paucartambo los colores de la fe.* Cusco: Grupo Editorial Cuscopolita, 2016.

Carpio, Carlos Ramos. *Paucartambo:* testimonios de su patrimonio natural y cultural. Cusco: Impresiones Aguilar, 1996.

Carvalho, Enio. *História da formação do ator.* São Paulo: Ed. Ática, 1989.

Cusco. *Paucartambo, los colores de la fe.* Grupo Editorial Cuscopolita E.I.R.L, 2016.

Koch, Gisela Cpabea, *Máscara, transformación e identidad en los andes la Fiesta de La Virgen del Carmen.* Lima: Pontificia Universidad del Peru, 1998.

Ortiz, Segundo Villasante. *Tricentenario de la Cuadrilla Mayor Q'hapaq Negro de Paucartambo.* 1965-1994. Cusco: Ars Continua Editores, 1994.

Roggero, Carmela Sotomayor. *Panorama y tendencias del teatro peruano.* Lima: GHerrera Editores, 1990.

Romero, Raúl R. *Música, danzas y máscaras en los Andes.* Lima: Pontificia Universidad Católica del Perú, 1993.

Roubine, Jean-Jacques. *A linguagem da encenação teatral.* São Paulo: Ed. Zahar, 1998.

Salinas, Vásquez Cecilia. *Fiesta de la Mamacha Carmen* en Paucartambo, Cusco: Biblioteca Nacional del Perú, 2014.

Souza, Carla Dameane Pereira de. *A encenação do sujeito e da cosmogonia andina no teatro peruano:* memória histórica e ativismo político em César /Vallejo e Yuyachkani. Faculdade de Letras, Universidade Federal de Minas Gerais, tese de doutorado, 2014.

Zapata, Miguel Rubio. *Notas sobre teatro.* Lima-Minneapolis: University of Minnesota, 2001.

---. *O grande teatro de Paucartambo* in Sala Preta. São Paulo, v. 16, n.1, 2016.

Zapata, Miguel Rubio & Guevara, Jesús Cossio. *Guerrilla en Paucartambo.* Lima: Forma e Imagem Empresa Gráfica, 2013.

Ambiencia y tradición oral: fundamentos de la creación en el circo brasileiro

Daniele Pimenta
Pedro Eduardo da Silva

Presentación

Somos investigadores dedicados al circo, movidos por intereses amplios y profundos, ligados tanto a aspectos académicos, como a aspectos personales, por nuestras historias de vida.

De esta forma, nuestra investigación tiene como objetivo: ampliar nuestro conocimiento sobre los diversos aspectos posibles de ser estudiados dentro del universo circense, en sus relaciones estéticas, técnicas, políticas y sociales; contribuir a que ese conocimiento esté disponible a otros investigadores; y garantizar espacio y visibilidad para el circo en la universidad brasileira. No obstante, también tenemos deseos personales contemplados en este recorrido, relacionados al circo, a lo que somos, en nuestra vida personal.

Somos una pareja, Daniele, actriz y profesora, nacida en el circo; y Pedro Eduardo (Edu), payaso, con amplia formación teatral. La unión, iniciada en el campo artístico y expandida al campo personal, hizo que la convivencia con los familiares circenses de Daniele ampliase las perspectivas de Edu sobre el trabajo con la comicidad y, en la investigación sobre los procesos de formación del payaso circense, descubrió otros campos de interés.

Nuestro vínculo es con la familia Pimenta, que actuó en el circo en sus diversos formatos artísticos y empresariales, desde el inicio del siglo XX.

Comenzando por el Circo Zoológico de Juvenal Pimenta, la familia vivió la época de oro del Circo Teatro, un complejo sistema artístico y empresarial que unía circo y teatro en una infraestructura que, además de la tradicional pista, también contaba con un escenario teatral completo, dando destaque a la carrera de Antenor Pimenta, actor, ensayista y dramaturgo, reconocido autor de uno de los más grandes clásicos de la dramaturgia circense, la obra ...Y el cielo unió dos corazones. (Pimenta 2005)

En ese período nacen los hijos de Graciana y Arlindo Pimenta, Hermano de Antenor, los cuales desarrollan sus habilidades tanto para el teatro como para la pista. De esa generación, nacida entre las décadas de 1930 y 1940, está Tabajara Pimenta que, además de artista, fue empresario y administrador circense, y quien por un lado es padre, y por el otro, suegro de los autores de este texto.

Una vez hechas estas breves presentaciones, abordaremos una discusión reciente en nuestras investigaciones, con base en el trabajo de doctorado de Edu (SILVA 2021)[14] y, siempre, de ser posible y necesario, haremos las conexiones con nuestros familiares circenses.

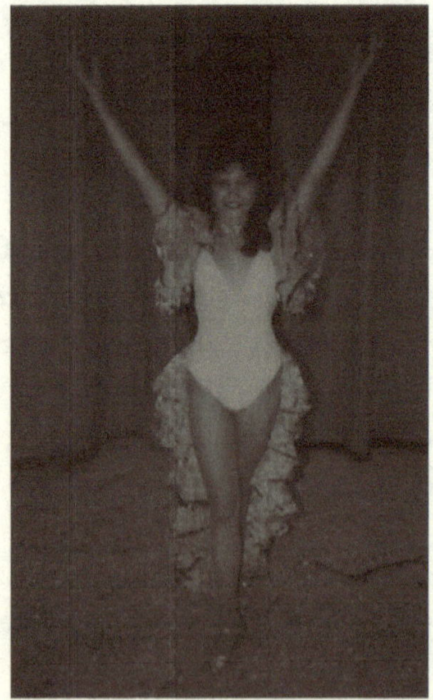

Fig. 1: Daniele Pimenta, en el Circo di Roma, en 1983.
Archivo de los autores.

[14] Este texto presenta reflexiones articuladas a partir de extractos de Pedro Eduardo de SILVA, *La formación circense: saberes éticos y técnicos*. São Paulo, f. 395. Tesis de doctorado (Or. Mário Fernando Bolognesi). São Paulo: Universidad Estadual Paulista Júlio de Mesquita Filho – UNESP, 2021.

El rizoma circense

El universo circense hace parte del imaginario popular en las más diversas culturas, y uno de sus personajes más característicos es el payaso. Es de entender que, en las últimas décadas, con la apertura de escuelas de circo y la difusión de cursos y talleres circenses, el payaso haya atraído a jóvenes actores y estudiantes de teatro, pues la actuación cómica circense tiene muchos aspectos en común con la actuación teatral (Pimenta, 2014). Sin embargo, a diferencia de los procesos recurrentes en las escuelas de teatro, el sistema de formación de payasos de la matriz circense brasileira de la primera mitad del siglo XX, fue construida en base a la tradición oral, que transmitió saberes extremamente consistentes en forma de literatura oral (dramaturgia de entradas e reprises) de oralidades (entonaciones y musicalidades) corporalidades, visualidades (vestuarios y maquillajes) y de otros saberes inherentes al arte del payaso (Silva, 2015). En el mismo sentido, todas las otras actividades del universo circense itinerante parten de la tradición oral, se entrelazan, se verticalizan, se horizontalizan, saltan en el tiempo y en el espacio, se adormecen, reaparecen, en fin… una verdadera estructura de la raíz que se adapta a las condiciones impuestas para continuar avanzando, creando, sobreviviendo.

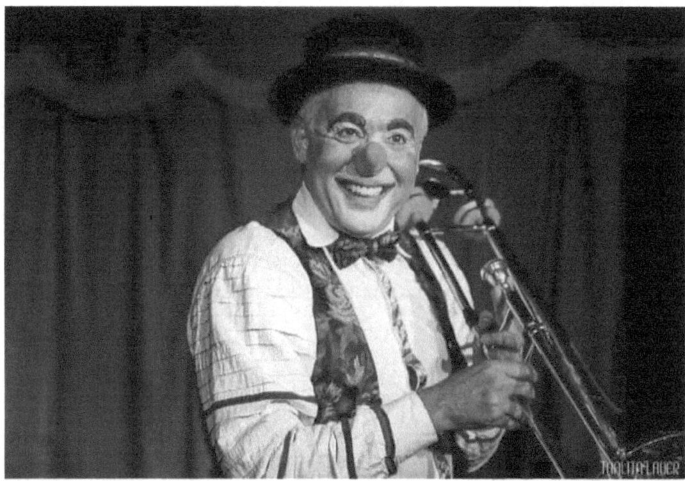

Fig. 2: Pedro Eduardo da Silva (Edu Silva), actuando como payaso. Foto de Thalita Lauer. Archivo de los autores.

El circo brasilero tuvo diferentes formatos a lo largo de su historia, considerándose tanto en su estructura como en sus espectáculos. De los rústicos circos de barrio a los grandes circo teatros, las tecnologías de cada época fueron incorporadas y las dramaturgias se transformaron, así como las estrategias de gestión, logística, divulgación, etc. (Pimenta 2009).

El circo es una institución que siempre vibró en la frecuencia cultural de su tiempo y de su público. Es la representación de la alteridad artística y de la audacia creativa que tiene una misión abrumadora: realizar la fantasía para sobrevivir.

Nuestras investigaciones parten, en esencia, de los pilares del circo: las narrativas de los propios cirqueros, más específicamente de cirqueros provenientes de familias tradicionales del circo brasilero, principalmente los que se desarrollaron entre los años 1930 y 2000, período en el que encontramos varias facetas del circo, como el Circo Teatro en su potencia más expresiva, y la incorporación de tecnologías en constante innovación (electricidad, logística de transporte, tipos de montaje, materiales para la lona, estructuras de residencias, graderías, números artísticos con equipos más modernos, musicalización, vestimenta, animales, etc.).

A través de entrevistas con algunos artistas, gerentes y dueños de circo, observamos una estructura rizomática con relación a la trasmisión de conocimientos técnicos, de ética y un conjunto de saberes técnicos y artísticos que sobrepasan la observación objetiva acerca de lo que ocurre dentro y fuera de la lona. El circo es como una célula, un organismo que confina y absorbe la cultura de un tiempo/espacio, la resignifica y la transforma en un elemento con todas las características artísticas posibles y que se relaciona con todas las artes, sin ser una específica. El concepto de rizoma elaborado por Guattari y Deleuze ilustra claramente las dinámicas de las idiosincrasias de transmisión de saberes que encontramos en el circo en el período estudiado, principalmente por las características básicas descritas por los dos filósofos: "Una meseta no está ni al principio ni al final, siempre está en el medio. Un rizoma está hecho de mesetas." (Deleuze y Guatarri 2004 33). Es un concepto que coloca al circo dentro de parámetros contemporáneos, sin concesiones y sin simplificaciones, mostrando que esta actividad continúa en movimiento y en constante actualización.

La itinerancia del circo brasileiro es la materialización del movimiento rizomático.

Los cirqueros del período en cuestión se inventaron constantemente, teniendo como referencia principal al público: observarlo para crear, producir para atraer, cautivarlo para tenerlo de regreso y con esas actitudes, viajar, literalmente, para encontrar otras provocaciones. Son personas que enfrentaron adversidades teniendo como aglutinante la amistad, el lazo de sangre y un estado de valentía que encuentra precedentes en otros movimientos artísticos, al considerar, principalmente, su carácter itinerante. El circo es una actividad con muchas particularidades y que envuelve, de forma contundente, a todas las personas que se aproximan a él y se permiten ingresar a las diversas experiencias que este promueve. Son actividades de gran diversidad y que alimentan y exigen, del cuerpo y de la mente, el involucramiento, la dedicación, el compromiso en cuestiones de naturaleza artística, administrativa, logística, meteorológica, cultural, ecológica y familiar.

En términos artísticos, vemos al circo brasileiro desarrollando números acrobáticos, teatrales, aéreos, de malabarismo, de ilusionismo, de adiestramiento, y desarrollándose como emprendimiento desde el siglo XIX, con la llegada de las primeras familias venidas de Europa, alrededor de 1830, que hacían sus espectáculos en plazas y callejones de diversas ciudades del país.

La contribución cultural que esas familias promovieron es de un valor inestimable al analizar el intercambio con nuestras propias culturas, el intercambio de conocimiento por medio de esta actividad pionera, y el potencial de innovación inherente al circo que llevaron los espectáculos de variedades, el circo teatro e incluso el cine, a las ciudades y pequeñas villas a los cuales la fantasía y la poesía regalaban nuevos aires. Las entrevistas que se realizaron para este trabajo, a personajes en sus 80, 90 años de edad, estructuraron una visión muy clara sobre la importancia de la tradición oral en la construcción de los saberes circenses.

La tradición oral es encontrada en muchas de las narrativas recogidas, es un ingrediente muy utilizado en la cultura circense y es punto de partida para muchas investigaciones en el campo artístico y tecnológico: desarrollo de números y movimientos que parten de una visión tradicional, se transforman a través del concepto de agradar al público y generan la actitud de perfeccionamiento por medio de ensayos y experiencias prácticas. La tradición oral es el vehículo y el circense, el combustible.

La tradición oral y sus cualidades inherentes como literatura oral, oralidad, asimilación del tiempo para madurar conocimientos, estructura mental formada por las relaciones de un grupo de personas, comprueban la capacidad de innovación del circo y la perseverancia del cirquero, provocando en muchos casos, cambios en algunas tradiciones, como los grandes cambios tecnológicos y políticos. Un ejemplo bastante objetivo de esas transformaciones está en el campo de la iluminación: la llegada de la electricidad al circo generó también cambios en la dramaturgia del espectáculo y el uso del cañón, alteró la forma del uso de los números de los payasos como transición de números, pues pasó a ser posible recortar el espacio, definiendo un aislamiento visual de la escena en relación al movimiento de los artistas y barreras en el montaje y desmontaje de aparatos. De este modo, el cirquero logra agradar a su público y hacerlo sentir que todo en el circo es una gran atracción.

Otras transformaciones están relacionadas a la voluntad política de los gobernantes brasileros que, sin duda, influenciaron el universo del circo. Un ejemplo muy importante fue cuando chatarrearon el sistema ferroviario, más eficiente, barato y amplio, para priorizar el sistema de carreteras, que hasta hoy se presenta como el más caro, ineficiente y con problemas que tienden a ser pasados a la iniciativa privada, que hará todo el sistema de carreteras más caro y no actuará en el 90% de vías no pavimentadas esparcidas en todo Brasil. Con esto dicho ¿cuántas ciudades dejaron de recibir a los circos itinerantes y cualquier otro tipo de entretenimiento escénico, ya que las compañías ambulantes también hacían uso de la red ferroviaria?

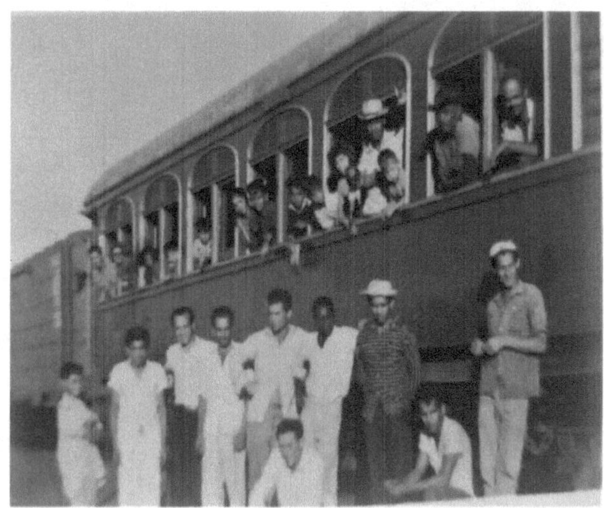

Fig. 3: Artistas del Gran Rosario Circus, embarcando de Tres Lagoas hacia Campo Grande en 1973, Brasil. Tabajara (centro), Arlindo Pimenta (abajo) y Antenor Pimenta (tercero de izquierda a derecha). Archivo de los autores.

En ese complejo proceso de formación y transformación del circo, un elemento esencial para el desarrollo de la idiosincrasia circense es la ambiencia, demostrando que la interrelación, el compartir experiencias y el espacio físico generan una epistemología de los moldes descritos por el pedagogo Paulo Freire en su filosofía sobre la educación.

Ambiencia: aprendizaje y creación

La ambiencia es un factor determinante en el estudio de la cultura circense, convirtiéndose en el catalizador principal de todas las actividades relacionadas a la tradición oral, al fortalecimiento de la memoria y a la creación de mesetas de desarrollo de rizomas del universo del circo.

La delimitación establecida para definir cuál es el ambiente de estudio, es las vivencias de los entrevistados, que se hicieron cirqueros en los parámetros de los circos itinerantes, formados básicamente por familias que trabajaron en el circo a inicios del siglo XX.

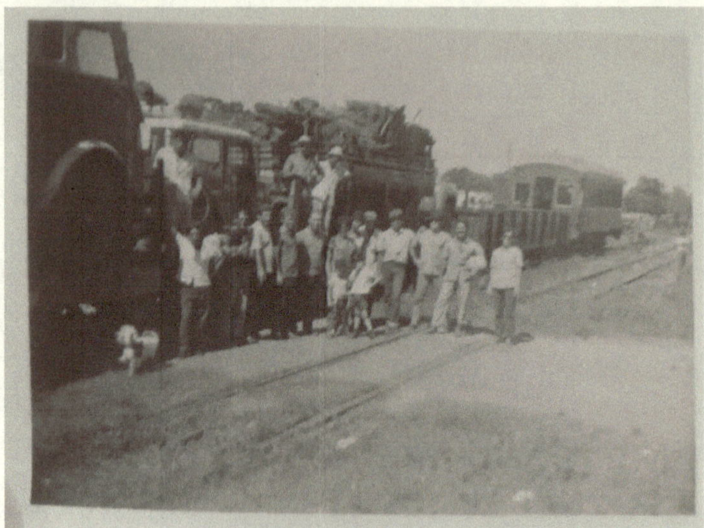

Fig. 4: Gran Rosario Circus, embarcando de Campo Grande hacia Ponta Porá por la línea noroeste en 1972, en Brasil. Tabajara y Gê Pimenta al centro. Archivo de los autores.

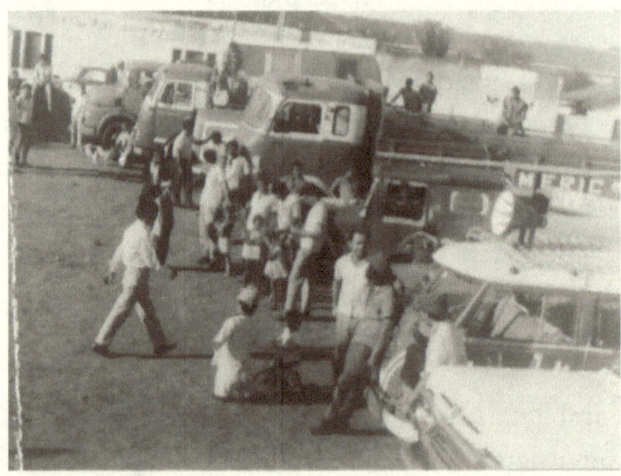

Fig. 5: New American Circus en 1966 en la ciudad de Cuiabá saliendo hacia Puerto Viejo, en Brasil. 1700 km de tierra, sin puente y 5 balsas. Archivo de los autores.

Esta delimitación define en buena parte el modo de formación de esos artistas, administradores y emprendedores, que nos brindan conocimientos preciosos sobre cómo es necesario un ambiente de nivel micro cósmico para interactuar con un macro cósmico, y esas relaciones promueven acciones en la dirección de la creación artística, de la escucha de las necesidades del público de diversas culturas y de la estructuración de una porosidad que sustenta la longevidad del circo moderno.

Asociamos los estudios de la arquitecta María Luisa Trindade Bestetti, sobre la ambiencia y su influencia directa en las actividades humanas, al universo circense, para comprobar la eficacia de las creaciones espaciales, que dan paño a las diversas actividades en el ámbito de la convivencia cotidiana, de trabajo y relación con el público.

> La ambiencia, como espacio de encuentro entre sujetos, se presenta como un dispositivo que potencializa y facilita la capacidad de acción y reflexión de las personas involucradas en los procesos de trabajo, posibilitando la producción de nuevas subjetividades y aumentando la eficiencia funcional. (Bestetti 609).

En las narrativas de los entrevistados, no faltan ejemplos de cómo el día a día en el circo crea un ambiente en el cual podemos apreciar la disciplina de los ensayos y entrenamientos en horarios y sistemas bien definidos; que existen funciones pre concebidas para resolución de problemas y cuestiones de toda orden, que existen conjuntos de ambientes en los cuales las posturas de relación son diferentes (dentro de la lona, alrededor de la lona, dentro de la lona o en el ambiente externos a la lona). El circo, como espacio de encuentro, realmente potencializa la producción de nuevas subjetividades, como fuera señalado por Bestetti.

Un proceso de creación

El ejemplo que escogimos para demostrar la importancia de la ambiencia, es el proceso de creación de un número circense.

Tabajara (1936 – 2020) nació en el circo e inició sus actividades artísticas cuando todavía era un niño. Inicialmente hacía pequeñas participaciones en obras teatrales en el circo Teatro Rosario y a partir de los nueve años de edad pasó a actuar en la pista por las décadas siguientes con números de equilibrismo y malabarismo, hasta decidir dedicarse a la gestión de circos y parques de diversiones en la última etapa de su carrera.

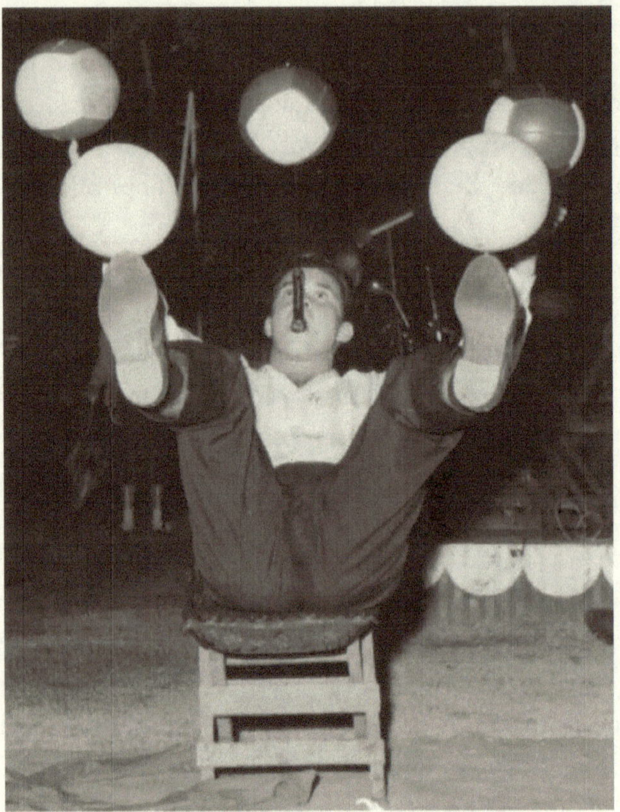

Fig. 6: Tabajara en su número de Hombre Foca.
Archivo de los autores.

Tabajara y su esposa, Gê Pimenta (1943-2015), crearon un número con palomas adiestradas. ¿Cuál es el punto de partida? Según la narrativa de Tabajara, es posible ver que son varios pasos para llegar a ese punto de partida, y todos ellos, incluyendo los pasos posteriores, están relacionados directamente al ambiente del cirquero.

Gê Pimenta[15] tenía 16 años cuando fue a trabajar al circo como música (tocaba acordeón), al lado de ocho de sus diez hermanos. Formaban la Orquesta de Niños, dirigida por su padre. Waldemar Justino Tabajara relata que escuchó hablar de la orquestaa que tocaba en eventos y festividades de la ciudad de Jaboticabal, Sao Paulo, con gran éxito. Buscó al padre y le hizo la invitación para que trabajen en el circo durante las próximas vacaciones escolares. El señor Justino aceptó y acabó quedándose casi cinco años viajando con el circo. Cuando tomó la decisión de parar y retornar a su residencia, Gê, que ya tenía 21 años, se casó con Tabajara Pimenta y pasó a ser una cirquera itinerante con sus tres futuros hijos: Tabajara Pimenta Junior, Daniele Pimenta y Patrícia Pimenta (Pimenta, 2022).

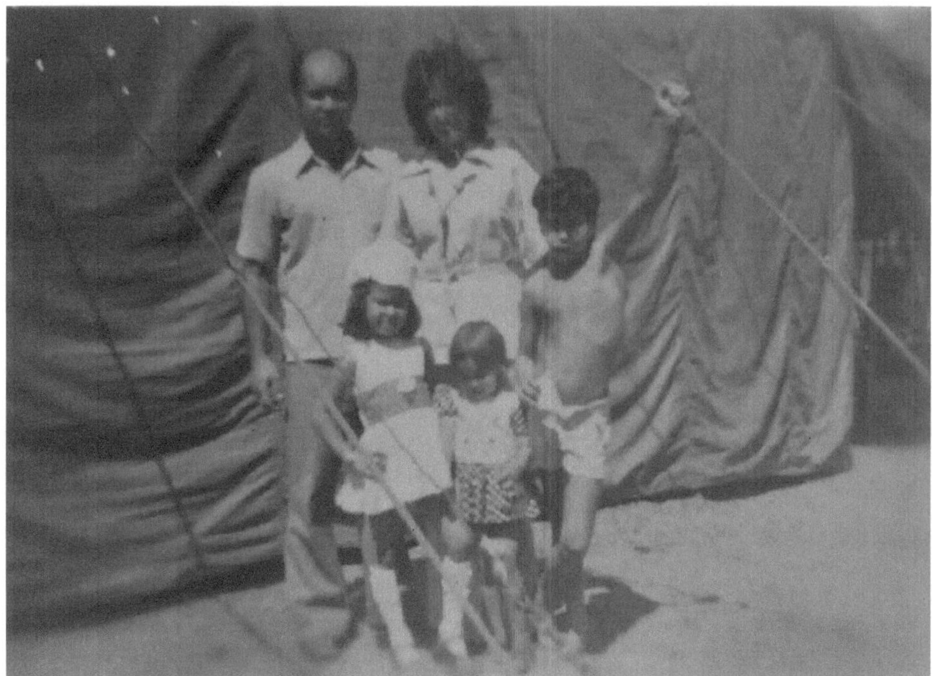

Fig. 7: Família Pimenta en 1975 en el New American Circus: Tabajara, Daniele, Gê, Patrícia e Tabajara Jr.

[15]Jeronima Justino Pimenta, nascida em Fernando Prestes, São Paulo, en 1943, fue la hija mayor de Maria Nícia Justino y Waldemar Justino.

Archivo de los autores.

Se casó cuando estaba en temporada en el Gran Rosario Circus en 1965, y migró del área musical para la presentación de números como-maga (Caja de Espadas[16] y Maleta Moscovita[17]), hasta establecerse con el número de palomas amaestradas que mantuvo, incluso después de haber salido del Monumental Circo Charles Barry, al final de 1977, haciendo presentaciones pagadas después de dejar la itinerancia. Esta pequeña trayectoria en el circo ilustra muy bien las cuestiones que involucran la ambiencia y cómo ella es definitiva en la vida personal, profesional, afectiva y material del cirquero.

Gê Pimenta salió de una vida tranquila, en una chacra en Jaboticabal, donde su padre le enseñó a tocar varios instrumentos musicales a sus hijos de todas las edades. Esa Orquesta de Niños, que tocaba en eventos de la ciudad, pasó a integrar el universo del circo, vivencia que hizo que Justino les exigiera profesionalismo a los jóvenes músicos, para que actúen en bailes de carnaval, graduaciones, matrimonios y a todo lugar a donde fueran invitados a presentarse. Después del circo, el señor Justino se mudó a la ciudad de Sao Paulo y adquirió un bus y equipos de sonido para viajar con el grupo musical, hecho que no hubiera sucedido si se hubieran quedado en la vida rural.

---

[16]Caja de Espadas es un número con aparatos en el cual la ilusionista utiliza una caja vertical o canasta. El compañero entra en ese aparato y la ilusionista encaja varias espadas en agujeros pre existentes. La cantidad de espadas debe crear la ilusión de que el compañero está corriendo peligro de muerte. En algunos trucos, el rostro u otras partes del cuerpo del compañero pueden estar a muestra. Al final se retiran las espadas y el compañero sale ileso.

[17]La Maleta Moscovita es un número de ilusionismo con aparatos, en el cual la ilusionista entra en escena con un compañero y un baúl horizontal. El compañero es colocado en un saco, que puede ser cerrado, y es llevado adentro del baúl por los tramoyas (empleados y artistas que operan los montajes y desmontajes de los aparatos en la pista). El baúl es cerrado con llave por la ilusionista, que entrega la llave a alguien del público. En la secuencia, ella sube al baúl y recibe una tela abierta encima, que contorna todo el aparato. La ilusionista hace un conteo, levanta la tela que la esconde a ella y al baúl y, en una fracción de segundo la suelta. Antes de que la tela caiga en el piso, se revela la desaparición de la ilusionista y aparece el saco que fue colocado dentro del baúl. Los tramoyas bajan el saco y de este surge el compañero, enseguida esta toma la llave del público y abre el baúl revelando al ilusionista.

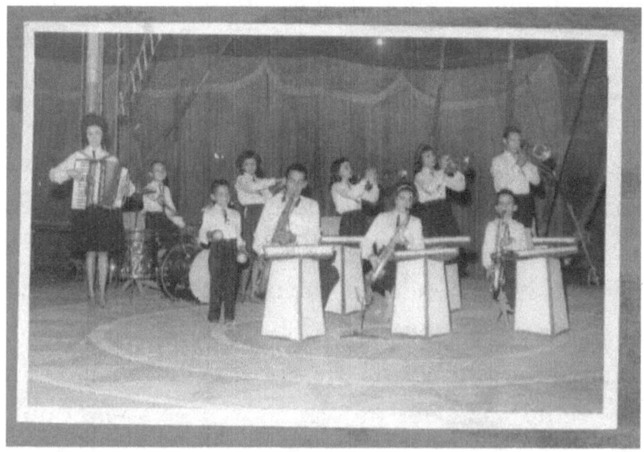

Fig. 8: Orquesta de Niños de la familia Justino, en el Gran Rosario Circus. Archivo de los autores

En cuestiones rizomáticas, vemos factores de ruptura y asignificantes, de cartografía y multiplicidad, que forman diversas mesetas artísticas provenientes del contacto intenso con la vida circense. En términos de tradición oral, las mesetas Gê Pimenta y Waldemar Justino, enriquecieron sus conocimientos empresariales, éticos y artísticos, al punto de elaborar productos y administrarlos por años, con verdadero potencial de sustento familiar.

En el caso de Gê Pimenta, ella absorbió conocimientos a través de la tradición oral y también añadió, desarrolló y perfeccionó acciones de adiestramiento de palomas al lado de Tabajara Pimenta, a lo largo de tres años de trabajos consecutivos. En ese caso, la tradición oral se dio en varios planos: viendo el número de otro artista repetidas veces, agregando una nueva estética de aparatos y vestuario, desarrollando técnicas para escoger palomas y ambientes de entrenamiento, además de perfeccionar el propio número para ambientes fuera del circo de lona (coliseos, zonas al aire libre como estadios y fiestas diversas)

En la descripción de los números de palomas, Tabajara cuenta que cuando él y Gê Pimenta decidieron elaborar el número de las palomas, nunca imaginaron que llevaría tres años de investigación para finalizarlo. Los números que ellos habían visto en otros circos utilizaban aparatos que eran movidos manualmente por el artista o aparatos con motor, con las palomas colocadas una a una por el artista. La pareja quería un número diferente, en el cual las palomas hicieran las propias acciones, tanto en el desplazamiento hasta los aparatos, como en los movimientos de estos. Fue así que desarrollaron aparatos en miniatura como la rueda gigante, el sube y baja, el carrusel, la escalera giratoria, movidos mecánicamente por las palomas, además de ensayar, crearon y mejoraron comandos para la dirección de aves, incluyendo un vuelo apoteósico. Esta fue la manera en que desarrollaron su número.

Tratando cuestiones de memoria, la narrativa de Tabajara dio algunos saltos temporales que involucraron a personas que contribuyeron para la elaboración del adiestramiento de palomas, pero los lugares de estos saltos siempre era la pista. Esos saltos no eran derivados de lapsos de memoria, tenían más relación con la construcción de una narrativa didáctica, queriendo mostrar cómo el proceso de creación comienza de tal forma que una persona que no estaba presente en aquellos momentos pueda visualizar el camino. Ese procedimiento es inherente a la tradición oral y a los procesos de enseñanza aprendizaje de las culturas populares, pues está cargado de posturas de tratamiento profesional y social ejemplificado en el circo.

Tabajara, rememorando 1965, comenzó diciendo que mientras investigaba el tipo de paloma ideal para el proyecto de adiestramiento, recordaba también cómo en 1956, en el Circo de Munique, hacía números con ponis adiestrados por el uruguayo Romeu Pensado, quien usaba los pies para señalizar algunos trucos a esos pequeños caballos (saltar, saludar, voltearse, correr, etc.) Vio el mismo principio, usado en 1958, en el Circo Arlay (otro nombre para el Súper Circus) por el "¡Mago de los Canes Matemáticos, el gran Bracardinni!" En este número se colocaba una mesa redonda en el centro de la pista con tablas con números pintados, el artista pedía que un perro encontrara un número, el perro corría alrededor de la mesa y paraba en el número solicitado. Eso se repetía varias veces, con números diferentes y operaciones matemáticas, hasta que Bracardinni le pedía a alguien del público que dijera un número al azar. El perro matemático repetía la acción de correr a encontrar el resultado, obviamente, el perro no hacía cuentas, pero obedecía a una señal que el artista hacía con los pies y, después del acierto, siempre era premiado con un bocado. El método de refuerzo positivo[18] fue el más vivenciado por Tabajara Pimenta, y fue la manera escogida por él para adiestrar a las palomas.

Además de las referencias a los trabajos de Bracardinni y Romeu Pensado, dos personajes más influenciaron la manera de entrenar de Tabajara Pimenta: Ademar Emiliano, también conocido como Gope Richards, a quien Tabajara vio adiestrando perros en 1965, mientras preparaba los números con palomas; y Zoltan, que adiestraba felinos y elefantes por medio de la premiación y no de la sumisión, como los norteamericanos hacían con ese tipo de animales. El primero entrenaba un número de fútbol con perros, además de trucos como abrir y cerrar la puerta, bailar, hacerse el muerto y otras acciones que generaban gran empatía con el público, siempre con premios de aciertos y repeticiones numerosas para que el animal entendiera el truco.

Los artistas dividían la pista para ensayos y entrenamientos, siendo que Gope realizaba ambas actividades al mismo tiempo: el adiestramiento de perros y la orientación de los ensayos del Globo de la Muerte.

Tabajara, que fue dueño de un Globo de la Muerte, explicó los detalles de este número: el globo tiene 4,2 metros de diámetro, antes de entrenar con las motos, utilizaban las bicicletas para acostumbrarse con la malla del globo, que deja a los motociclistas desorientados, haciéndoles perder la noción de horizontalidad. Después entrenaban con una, dos y tres motos dentro del globo; eran usados pitos para dar los comandos. Mientras Gope esperaba que los artistas entrenen y ensayen los comandos dados para el globo de la muerte, se enfocaba en el adiestramiento de los perros en la pista. Lo interesante es que Tabajara observó y se apropió muy bien de la construcción de los dos números, al punto de comprar su

[18] Refuerzo positivo es un término proveniente de la psicología comportamentalista y quiere decir que en las actividades que la persona o animal está ejecutando, se agregan estímulos para la repetición de las mismas actitudes positivas.

propio globo de la muerte para ofrecer el número en varios circos y también asociar los aprendizajes al adiestramiento de las palomas que se iniciaba en esa misma época.

Gê Pimenta y Tabajara se habituaron a hacer sus experimentos después de los espectáculos, cuando la pista estaba vacía y tranquila. En esos momentos de entrenamiento aprendieron qué tipo de paloma presentaba mayor rendimiento en el adiestramiento: la paloma abanico[19]. En conversaciones con un amaestrador de palomas mensajeras, aprendieron cómo desestabilizar el vuelo para que las palomas volaran pequeñas distancias hasta estar totalmente entrenadas, evitando fugas (debían cortar una pluma o recortar las plumas de la cola y las alas), sin embargo decidieron utilizar cinta adhesiva en la punta de una pluma, generando inestabilidad por la pequeña diferencia de peso, retirando la cinta una vez finalizados los ensayos y el experimento funcionó, fue posible entrenarlos sin fugas y sin alterar la estructura de sus plumas. Otro punto es que debían ensayar siempre con ropas del mismo tono de color y volumen, para que las palomas se acostumbraran con la figura de comando del número, que era Gê Pimenta (los vestuarios de su número eran inspirados en los vestidos de la reina María Antonieta). La música debía ser específica para cada momento del número, para no confundir a los animales sobre los movimientos que debían hacer en cada aparato; el mismo fundamento era aplicado para la luz del espectáculo. Tabajara contó que primero probó con palomas comunes, de esas que se encuentran en las plazas públicas, pero eran muy dispersas; dijo que intentó por mucho tiempo con esa especie y que solo conservó una de ellas para el número y que esta se tornó un personaje muy importante en la dramaturgia, ya que siempre hacía los comandos al revés de lo que se le solicitaba. Lo llamaban "Pretinho" y terminó siendo una paloma payasa, ya que hacía reír mucho al público con sus confusiones.

[19]Paloma Abanico o Paloma Cola de Abanico es originaria del oriente, habiendo llegado a España a través de comerciantes. Esa especie fue criada por reproducción selectiva. Su cola puede llegar a tener hasta cuarenta plumas, lo que propicia la formación del abanico. Las otras especies de palomas llegan a tener como máximo quince plumas en sus colas. Tabajara adquirió esas palomas en el Mercado Municipal de São Paulo.

A lo largo de tres años, Tabajara y Gê Pimenta fueron creando y orientando la construcción de los pequeños aparatos, que eran cromados para darle un aire más suntuoso al número, así como el vestuario de Gê y de él. El número tenía cuarenta y cinco palomas, quince de ellas se presentaban en los aparatos y treinta para un revuelo apoteósico en el que todas posaban en el vestido de Gê, que era la artista que conducía el número dando los comandos a las palomas. Tabajara era su compañero y cuidaba la posición de los aparatos en cada parte del número. Todas las palomas tenían nombre y Tabajara construyó un vivero sobre ruedas, que era jalado por un gancho añadido al bus en que vivían.

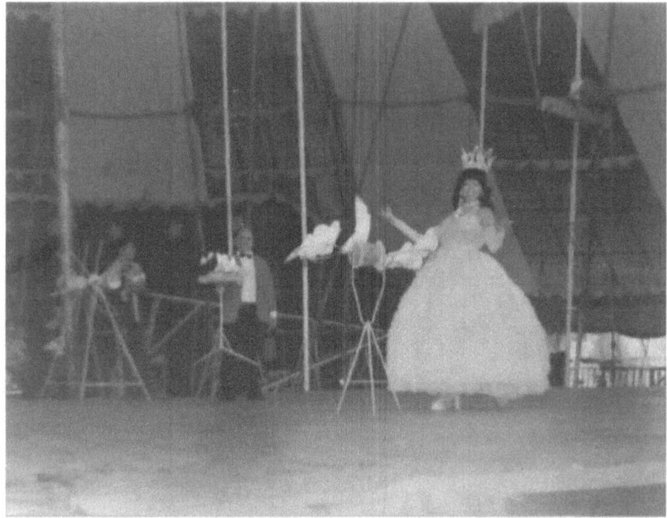

Fig. 9: Gê Pimenta y Tabajara, en 1983. Archivo de los autores.

El número ganó gran proyección en los circos en los que se presentó hasta 1978, cuando fijaron su residencia en Sao Paulo (capital) y pasaron a hacer presentaciones en pequeños circos, fiestas, orfanatos, centros penitenciarios y parques de diversiones como el "Playcenter" y "Cidade da Criança". Esta nueva situación obligó a Gê y Tabão a entrenar a las palomas para que se acostumbren con los espacios abiertos y sus distracciones.

En 1983 el dúo pararía definitivamente con el número de las palomas y, no obstante, hubo varias propuestas de compra, prefirieron soltarlas todas en un parque de la ciudad de Garza, Sao Paulo, en el cual los pájaros fueron sueltos en una gran área arborizada, cercada, pero no subdividida en viveros. La pareja entendió que las palomas artistas debían descansar con dignidad después de haber trabajado tan bien.

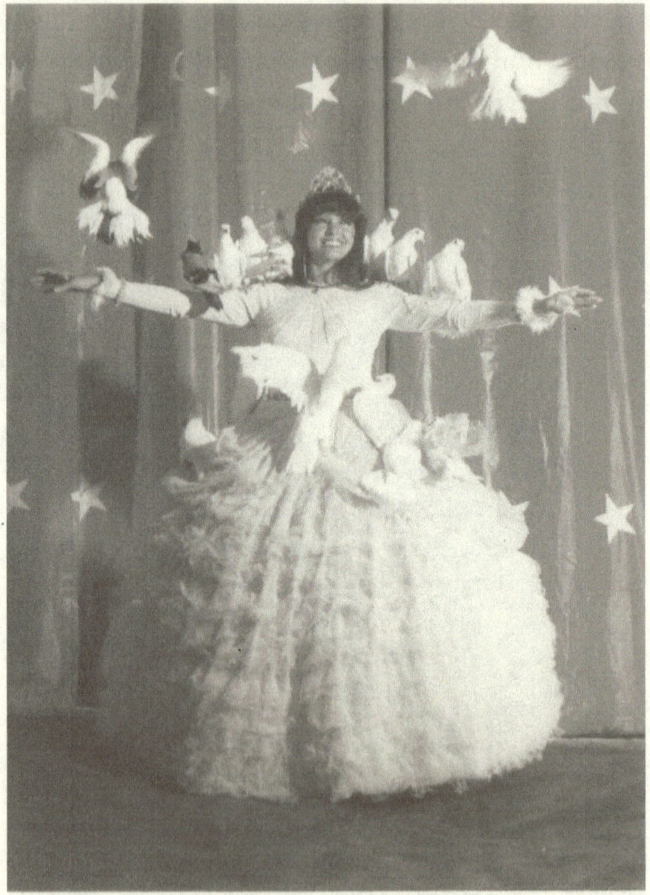

Fig. 10: Gê Pimenta y sus palomas amaestradas.
Archivo de los autores.

Cabe aquí un desvío en nuestra discusión, para observar que esa es una tradición oral que se perdió en Brasil: el adiestramiento de animales, hecho por entrenadores de leones, perros, monos, caballos, osos, elefantes, entre otros. A pesar de la cultura, hasta recientemente naturalizada, del uso de animales en circos, esa práctica se prohibió en doce estados brasileiros: Goiás, Minas Gerais, Rio de Janeiro, Sao Paulo, Paraná, Alagoas, Paraíba, Pernambuco, Mato Groso del Sur, Espíritu Santo, Santa Catarina, y Río Grande del Sur. El senado aprobó el proyecto de ley 7291 del 2006, que aún no fue promulgado, pero la discusión legal y cultural se desarrolla hace años en nuestro país. Mientras tanto, los circos ya no presentan animales en sus espectáculos. Los artículos de Vasconcellos y Amato, dejan claras las varias fases de la discusión sobre el fin de la presencia de animales en los circos, una tendencia internacional que fue absorbida por el circo brasileiro. No obstante, los buenos recuerdos de los animales, los entrevistados comprenden que fue una cultura que cambió, a pesar de haber estado en contra de la implementación, sumamente desorganizada, de la retirada de estos animales de los circos y que potencializó su sufrimiento, llevándolos a ambientes tan inhóspitos como las propias jaulas que anteriormente los albergaban, y para empeorar las condiciones, con poca comida y tratamiento inadecuado.

Sin embargo, retomando el tema que tratamos aquí, solamente la ambiencia del circo podría alimentar experiencias tan diversas, tantas conexiones, rupturas, multiplicidades, cartografías, transmisión de conocimientos por la oralidad, innovaciones y ética, incluso con animales. Como dijo Tabajara Pimenta en entrevista: "el circo es una cadena de sucesos, no hay como deslindarse", y aún más, "las personas enseñan con métodos diferentes, el camino es el mismo y llegamos al mismo final". La primera frase denota cómo la ambiencia es rizomática por naturaliza y la segunda ilustra bien la fuerza de la tradición oral y de la ética: "el mismo final tiene que ver con 'agradar al público' y mantener al circo en pie. La citación de María Bestetti lo corrobora con la narración del número de Gê Pimenta y Tabajara:

> Cuando hablamos de ambiencia, pensamos en la humanización por medio del equilibrio de elementos que componen los espacios, considerando factores que permitan el

> protagonismo y la participación. Presupone el espacio como escenario donde se realizan relaciones sociales, políticas y económicas de determinados grupos de la sociedad, siendo una situación construida colectivamente e incluyendo las diferentes culturas y valores. El término ambiencia tiene origen en el francés "ambiance" y puede ser también traducido como medio ambiente. Para mejor comprensión de su alcance, podemos afirmar que no es compuesto solamente por el medio natural donde se vive, sino por el efecto moral que ese medio físico induce en el comportamiento de los individuos. (Bestetti 602)

Gê Pimenta no nació en el circo, pero se adecuó a él, evolucionó en ese nuevo medio ambiente, mucho más propicio a enriquecer sus subjetividades, formó familia y números, encontró personas que contribuyeron con su protagonismo, profesionalismo y ética.

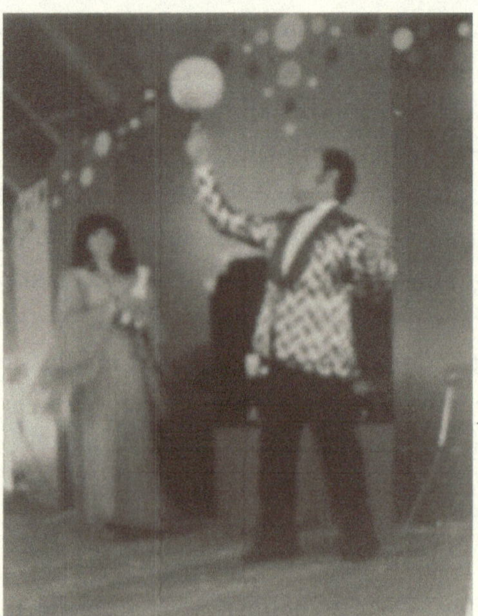

Fig. 11: Tabajara y Gê Pimenta en el Playcenter (Sao Paulo) en el Día Mundial del Circo en 1977.
Archivo de los autores.

La ambiencia circense en sus diversos planos

Es importante delimitar los espacios de la ambiencia del circo para analizar cómo el aprendizaje se distribuye en ese medio. Tenemos la lona y la diversidad de elementos que están debajo de ella: gradería, pista, coreto, aéreos, bastidores, pasillos, mesa de operación de sonido y luz, banda, mástiles, cuerdas, cables de acero, aparatos, porsche, cortinas, entre otros elementos. Ese espacio es el de relacionamiento entre el público y los cirqueros cuando ocurre el espectáculo, pero también es el local de ensayos y entrenamientos, donde los niños del circo juegan entre los espectáculos, donde ocurren conversaciones sobre números, sobre los viajes que están por venir o los que ya se realizaron, sobre los planes, historias, cánticos, sobre el mantenimiento de los equipos, en fin… Es un universo de riqueza y aprendizaje oral.

Existe un espacio que está entre la lona y la cerca que es el patio donde están los camiones, trailers, casas rodantes, medidores de luz y de agua, baños, urinarios, las lonas, cuerdas y cables, el zoológico del circo20 y la cocina21. En la frontera queda la cerca que separa el cotidiano de la ciudad, del cotidiano circense. Es en la cerca que se encuentra la boletería y la entrada al circo para el espectáculo. A partir de esta frontera también se establece, hasta hoy, el contacto con el público, comenzando con chalpones, estacionamiento, la cantidad de divulgación con carros con megáfonos y folletos de promoción, payasos vendiendo cachivaches. Ese es el universo de divulgación, el circo es un ambiente expandido que pretende cautivar al público, tanto en el sentido de encantarlo como de tenerlo todas las noches en que haya espectáculo.

Ese espacio expandido comienza con el trabajo del secretario, el administrador que busca el terreno, solicita los permisos, hace limpiar los espacios, coloca aserrín y piedras, realiza las conexiones de luz y agua. Al

[20]Zoológico, es la lona donde se guardan los animales y las jaulas con las fieras. Esa lona, incluso, en algunos contextos, se volvió una atracción con cobranzas de ingreso.

[21]Cocina es la lona en la que se hacen las comidas colectivas de los trabajadores del circo, atendiendo, generalmente, a los trabajadores brazales, dado que las familias de los artistas acostumbran a hacer sus comidas en la privacidad de sus *trailers* o buses.

momento en que el circo llega y da inicio a su montaje, ya tenemos la instalación de esa ambiencia de relacionamientos que se potencializa con las comparsas y pasacalles. (Pimenta 2006).

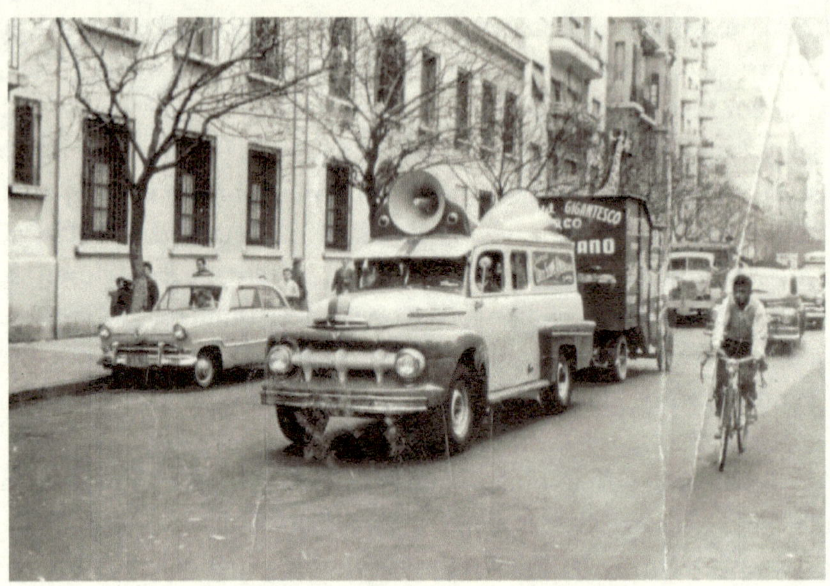

Fig. 12: Carro con megáfono, con acoplamiento transportando una jirafa, para divulgación del Circo Americano. Archivo de los autores.

En la generación de Tabajara y Gê, así como de otros entrevistados para nuestras investigaciones, los circos causaban gran revuelo en las ciudades, cambiaban la rutina de los ciudadanos y del comercio: durante la semana eran ofrecidas atracciones y novedades de números y obras de circo teatro. El medio ambiente sufría una mutación en sus noticieros, en la economía, incitaba curiosidades con los animales y artistas y hasta los políticos se inquietaban. Había relación directa con los pobladores cuando se invitaban a las bandas locales para que toquen en el circo, con las personas para que ayuden a montar el circo y con eventos de la ciudad ocurriendo en el escenario.

> En el espacio-circo hay un poco de todo, porque, al final, en la exigüidad del ambiente, es él, en sus reducidas dimensiones, asimismo más grandes de lo que contiene|, el único capacitado a ofrecer un ambiente para la congregación de la comunidad. Se convierte, de este modo, en un eslabón fuerte para la suma de la colectividad del ambiente, contribuyendo a una sociedad y rompiendo el aislamiento creciente en los centros urbanos donde se convive en las horas de trabajo y donde se escapa en sus horas nocturnas, confinándose una mayoría dentro de sus casas, apenas abriendo ventanas al mundo a través de la pantalla mágica de la televisión. (Ruiz 44)

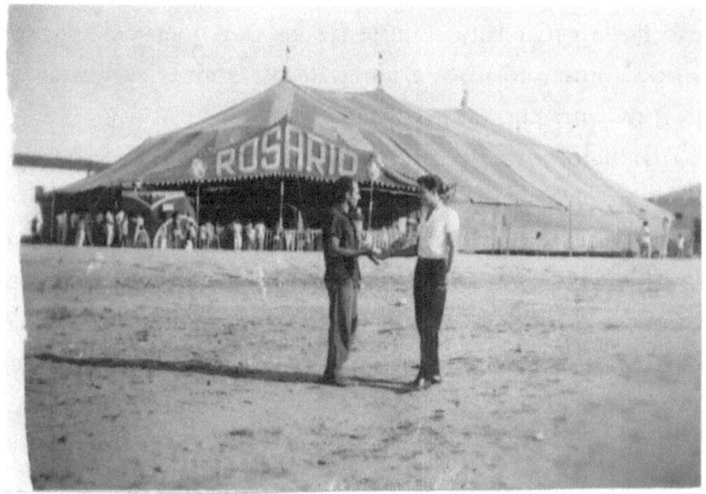

Fig. 13: Gran Rosario Circus, de Tabajara y Antenor Pimenta. En la foto, Tabajara, de blanco, y Alipio Gomes Miguel.
Archivo de los autores.

Consideraciones finales

La ambiencia actúa directamente en la formación de una estructura mental que orienta la realización de trabajos de todas las naturalezas (brazal, estratégico, comercial, empresarial, creativo, logístico, financiero, etc.) y es para todos los interesados e involucrados en ese medio ambiente. La tradición oral se encarga de transmitir conocimientos diversos, un niño de la generación de los entrevistados tenía contacto directo con técnicas preservadas y transmitidas con la finalidad de estructurar números que servirían como sustento, en conjunto con enseñanzas de cómo hacer del emprendimiento del circo algo longevo y vigoroso. Toda estructura mental encamina a un sistema en el cual el atrevimiento es el punto de partida y de llegada, y se proyecta, también, a formar personas.

La itinerancia también es un elemento de extrema importancia para la elaboración y la transmisión de saberes, y la relación con el público impulsa el concepto de "agradar": el público nunca sale de la atención del circense. Todo lo que es creado tiene como fin encantar y cautivar a la diversidad de individuos que una sociedad ofrece. Esa comprensión, que hace parte de la estructura mental de las personas del emprendimiento circo, es poco entendido por artistas de otras artes escénicas, llegando al punto de convertirse en un prejuicio.

La tradición oral no es un mecanismo único de saberes, son necesarios otros sistemas para catalizar esa transmisión: la memoria se hace esencial para la creación de nuevas alternativas y para la interpretación de nuevos problemas y demandas, para la relación ética con sus pares, para elaborar nuevas estrategias de administración y de gerenciamiento, es decir, todo lo que es nuevo pasa por el filtro de lo tradicional y de la memoria. Se accede al concepto de rizoma para mostrar el movimiento complejo del circo itinerante y para explicar cómo cada escenario agrega y transmite los saberes, como cada nueva relación genera una memoria, como cada ciudad promueve nuevas relaciones. En los descubrimientos acerca de la ambiencia, se puede concluir que es necesaria una condición física para generar nuevas mesetas, memorias, transmisión de tradiciones, creación artística, técnica y logística y transmisión de ética, incluso para quien está fuera de la cerca.

Bibliografía

Amato, Ivy de Freitas. *Uma perspectiva fenomenológica para: "O que é o animal no circo?"*. Trabalho de Conclusão de Curso (Ecologia) - Instituto de Biociências da Unesp. Rio Claro: UNESP, 2010.

Bestetti, Maria Luisa Trindade. "Ambiência: espaço físico e comportamiento". *Revista brasileira de geriatria e gerontologia,* v. 17, n. 3, p. 601-610. Rio de Janeiro: UERJ, 2014.

Deleuze, Gilles; Guattari, Félix. *Mil Platôs: Capitalismo e esquizofrenia.* Vol. 1. São Paulo: Editora 34, 2004.

Pimenta, Daniele. *Antenor Pimenta: circo e poesia: a vida do autor de ...E o céu uniu dois corações.* São Paulo: Imprensa Oficial do Estado de São Paulo: Cultura - Fundação Padre Anchieta, 2005.

Pimenta, Daniele. "O que comunica fica: comunicação e sociabilidade circense". In; costa, Cristina (Org.). *Comunicação e Censura: o Circo-Teatro na produção cultural paulista de 1930 a 1970.* São Paulo: Terceira Margem, 2006.

Pimenta, Daniele. *A dramaturgia circense: conformação, persistência e transformações.* Tese (doutorado em Artes).Campinas: Unicamp, 2009.

Pimenta, Daniele. "Considerações sobre como tratar de circo com os novos pesquisadores". *Anais do VIII Congresso da ABRACE.* Belo Horizonte: UFMG, 2014.

Pimenta, Daniele. "Gê Pimenta: a encantadora rainha dos pombos". *Revista do FIC* – Festival Internacional de Circo da Cidade de São Paulo – 4 Edição. São Paulo: Secretaria Municipal de cultura, 2022.

Ruiz, Roberto. *Hoje tem espetáculo?: as origens do circo no Brasil.* Rio de Janeiro: MINC/INACEN, 1987.

Silva, Pedro Eduardo da. *A formação do palhaço circense.* São Paulo, f. 143. Dissertação (Mestrado em Artes). São Paulo: Universidade Estadual Paulista Júlio de Mesquita Filho - UNESP, 2015.

Silva, Pedro Eduardo da. *A formação circense: saberes éticos e técnicos*. São Paulo, f. 395. Tese (Doutorado em Artes). São Paulo: Universidade Estadual Paulista Júlio de Mesquita Filho – UNESP, 2021.

Vasconcellos, Artur Carvalho. *Proteção jurídica dos animais circenses*. Trabalho de Conclusão de Curso (Direito). Porto Alegre: PUCRS, 2012.

Entre el juego del círculo [Neutro] y Thierry Salmon: dirección del actor y organizaciones de presencias

Eduardo De Paula

El juego y la figura de un director

El interés por el campo de estudios relacionados a Thierry Salmón, se dio a partir de la relación creativa con el Juego del Círculo [Neutro] a lo largo de un poco más de veinte años de experimentaciones con ese procedimiento. Junto al juego, los encuentros con artistas que trabajaron directamente con Salmón o que, de modo indirecto entraron en contacto con sus proposiciones acerca del espacio escénico no convencional, la permeabilidad a lo real y la autonomía del actor en el proceso de creación, sirvieron de base para la toma de conocimiento sobre algunos ejes temáticos relacionados a los procesos creativos por él conducidos.

El primer contacto con las proposiciones del Juego del Círculo [Neutro] ocurrió durante un proceso de creación conducido por Humberto Brevilheri[22], en 1998. Después de casi 10 años, tuve nuevamente la oportunidad de pasar por esa experiencia, esta vez, bajo la coordinación de François Kahn[23]. Considero que ambos integran el rol de los artistas creadores que entraron en contacto indirecto con las proposiciones de juego y desarrollaron, de manera autoral, caminos creativos y particulares de lidiar con sus orientaciones, independiente de haber trabajado, o no, bajo la conducción de Thierry Salmon.

A lo largo de estas dos décadas trabajando como artista docente en el campo de las pedagogías sobre la actuación, en varios procesos por mí conducidos, el Juego del Círculo [Neutro], ha servido como soporte de preparación y creación del actor y de la escena teatral. La forma de

[22] Espectáculo: "Mirada distraído hacia afuera". Departamento de Artes Escénicas (ECA/USP, 1998).

[23] Teatro de la Universidad de São Paulo (TUSP, 2009).

relacionarme con las orientaciones del juego, las variantes y circunscripciones provocadas y establecidas, resultan de experimentaciones, descartes y descubrimientos, los cuales no siempre han funcionado de la misma manera, lo que me lleva a considerar que las metodologías acerca del arte del actor están siempre en jaque, pues, debido a las eficacias frágiles, no son garantía de éxito o fracaso, constituyendo apenas caminos organizativos que hacen y/o hicieron algún sentido debido a las especificidades de los contextos en los cuales se desarrollan y/o desarrollaron

En ese sentido, los modelos utilizados recurrentemente en los ambientes interesados y comprometidos con la pedagogía del actor, es decir, las propuestas observadas en los considerados "teatrólogos referenciales" o "directores pedagogos", necesitan las debidas circunscripciones al ser colocados como puntos de referencia de procesos creativos, pues constituyen un conjunto de individuos singulares, colocados en lugares específicos, con intereses relativos a las especificidades sociales, históricas, políticas y culturales. Por estos motivos, es sumamente importante contextualizar toda y cualquier propuesta referencial al colocarlas en juego "aquí y ahora", dado que las referencias de mundo y de hombre son tan fluctuantes como sus intereses y procesos relativos a su identidad.

Al contrario de los directores – pedagogos[24] usados de manera reiterativa como referencias fundacionales para las Artes Escénicas, considero relevante para el campo de la Pedagogía del Teatro, los principios y las metodologías presentes en las propuestas de Thierry Salmon, director belga con carrera artística desarrollada en gran parte en Italia, y que figura entre los "directores – pedagogos relevantes del siglo veinte, aquellos Hombres de Teatro de directa o indirectamente, colaboraron con la construcción de una herencia" (Meldolesi e Guccini *in* Molinari 2002, 3) creativa y atenta a los procesos de preparación y creación del actor y de la escena teatral, que sin embargo, permanece poco conocido en suelo brasilero.

[24] Constatin Stanislávski, Jerzy Grotowski, Eugenio Barba, Peter Brook, entre otros, circunscritos en el rol de los directores-pedagogos, pues además de la estética de la escena teatral, dedicaron especial atención a los procesos de preparación y creación del actor.

De acuerdo con Renata M. Molinari, "el círculo neutro es el trazo del trabajo de Thierry Salmon más conocido o tal vez más divulgado por seguidores y admiradores acerca de la investigación del 'método Salmon' para la construcción del personaje". (Molinari 2008, 73)

En entrevista realizada por François Kahn, es posible observar una consideración relevante sobre esta metodología, veamos:

> la historia del Círculo Neutro es una invención de varios directores que hicieron cambios en las reglas. Quiero decir que Jacques Lecoq hizo todo el análisis de la mirada y del espacio, estos elementos vienen de él; después hizo un análisis sobre "qué es neutralidad", "qué es caminar neutro", todo eso viene de Lecoq. Después Thierry Salmon utilizó el Círculo Neutro para un abordaje psicológico, es decir, para encontrar la naturaleza profunda de los personajes, descartando todos los lugares comunes del comportamiento, pero trabajando sobre la pasión, sobre personajes llenos de inspiración, con todo un trabajo físico bastante diferenciado. (Kahn *In* De Paula 2015, 255)

A pesar de que los apuntes precisos contenidos en las palabras de Kahn, permitan percibir algunas atenciones al trabajo de Lecoq, quien le presentó el Juego del Círculo [Neutro] a Salmon, fue un actor integrante de su grupo de teatro, observamos en sus propias palabras:

> Fue un actor quien llevó este método del círculo neutro, que se llamaba "el saludo" y se hacía en un círculo. Es una técnica de clown que fue inmediatamente transformada ya en ese año. Comenzamos por hacer preguntas (nosotros, los que estábamos fuera del círculo), pero pocas, era más un trayecto sobre cómo construir un personaje físico. Entonces, se debía dejar la propia personalidad fuera del círculo, llegar a una cierta neutralidad, y a partir de ella, recomenzar a crear otra persona, con otra perso-

> nalidad, otro físico, otro hábito. Era un método, por decirlo de alguna manera, pedagógico, que permitía al actor ver cuáles eran sus hábitos, sus tics, las características que debía abandonar realmente. Lo que apreciaba de ese método era que todos aquellos que estaban fuera del círculo, observaban al compañero que estaba dentro y decían las cosas que habían visto. (Salmon in Molinari 2008, 73-74)[25]

Siguiendo estos rastros, rápidamente se descubre quién le presenta a Salmon el juego del círculo [neutro]: "se trata de Christian Machiels, hoy director del teatro *La Balsamine* en Bruselas, y el período fue el del grupo *Ymagier Singulier* y el año, me confirma el propio Machiels, es 1981 [...]" nos revela Renata M. Molinari. (2008, 73)

Todavía siguiendo indicios, pistas y especializaciones, traigo a colación otra forma de referirse al juego del círculo [neutro]: "Arena Dramática", utilizado por Maurício Paroni de Castro (2007, 40), director, actor y ex alumno de Salmon en la *Civica Scuola di Teatro Paolo Grassi* (década de 1990, Milão, Itália) – por este motivo, considero que Maurício Paroni figura en el rol de los artistas que trabajaron directamente bajo la batuta de Thierry Salmon.

Comparto también a otros dos artistas pedagogos importantes para la difusión del Juego del Círculo [Neutro] en territorio brasilero: Inés Aranha y Francisco Medeiros. Inés es actriz, preparadora de actor, directora y pedagoga; se formó en la *Civica Scuola di Teatro Paolo Grassi* (Milán Italia), donde fue alumna de François Khan y tuvo su primer contacto con el Juego del Círculo [Neutro]. Actualmente, Inés es profesora en el INDAC Escuela de Actores e integrante del Núcleo Experimental de Teatro, São Paulo/SP. Francis Medeiros[26] fue director y pedagogo, fundó el Núcleo Argonautas y actuó en varias instituciones de enseñanza en São

---

[25] Todas las traducciones son de mi responsabilidad.

[26] Francisco Medeiros - "Chiquinho Medeiros", como era conocido – falleció el 16 de octubre de 2019. Presto aquí mi Homenaje al relevante Hombre de Teatro y agradezco su colaboración generosa durante mi investigación de doctorado al conceder, en el 2013, una entrevista valiosa sobre el juego del círculo [neutro].

Paulo/SP; sus experiencias con el juego del círculo [neutro], tuvieron como aporte las proposiciones de Rosana Seligmann[27] e Inés Aranha y, como fue afirmado por él, "no trabajó con François (Kahn) por falta de oportunidad" (Medeiros s/n), pero debido a su pasión, siguió investigando y derivando las orientaciones del juego.

Considero estas informaciones importantes porque posibilitan la percepción de una posible genealogía en el desarrollo y especialización del Juego del Círculo [Neutro]. Aunque tuviera intenciones, Salmon no tuvo oportunidad de pisar suelo brasilero, pero, como es posible notar, "su metodología de trabajo" fue traída hasta "aquí" por Humberto Brevilheri, François Kahn, Maurício Paroni de Castro, Inés Aranha y por nosotros desarrollada como es el caso de Francisco Medeiros y de otros artistas pedagogos que continúan comprometidamente trabajando, explorando y particularizando las posibilidades de juego – en este punto, me incluyo.

Algunas afirmaciones posibles sobre lo "neutro"

Hago un breve y necesario detalle sobre el enunciado "Juego del Círculo [Neutro]", primero para un indispensable posicionamiento a la posible extrañeza sobre el uso de corchetes para el término "neutro"; segundo, para establecer una perspectiva de correlaciones verosímiles sobre las analogías y aproximaciones de esta terminología con el trabajo del actor.

Prestemos atención al siguiente conjunto de enunciados:

> [El] estado neutro [es] un estado de calma y curiosidad. (Lecoq 41)
>
> El Círculo Neutro es un lugar de confrontación de todas las cuestiones [...] un lugar en el cual es posible analizar la propia presencia, el propio cuerpo, el propio meca-

[27] Trabajó como actriz, fue profesora en el curso "Comunicación de las Artes del Cuerpo", de la PUC/SP, y hoy se dedica a la práctica y a la enseñanza de Iyengar Yoga – São Paulo/SP.

> nismo mental, con parámetros que son muy simples y evidentes [...] que todos entienden muy bien. [...] Neutralidad, también, es la capacidad de dejar fluir las cosas. (Kahn in De Paula 2015, 249)
>
> Estar en escena es un estado de atención ampliada, antes que cualquier cosa. Estado de atención ampliada significa estar "presente en el presente". Construcción de presencia de atención ampliada: Círculo Neutro. (Medeiros in De Paula 2015, 290)
>
> Neutralidad es un estado de disponibilidad y atención total – ¡Atención! (Aranha in De Paula 2015, 312)
>
> ¡De neutro no tiene nada! ¿Cómo un ser humano puede ser neutro? (Castro in De Paula 2015, 325)
>
> Lo neutro [es] como [un] punto de partida para buscar los personajes, un trabajo de base sobre sí mismo – tratar de ser permeable, disponible. (Mandruzzato in De Paula et al 2019, 91)

Amparado por este conjunto de acepciones sobre lo "neutro", expreso la siguiente anotación:

> *Neutro*: 1. Cualidad de presencia observada en el juego del actor sin tensión o relajación; 2. Relativo a la presencia escénica filiada a las cualidades de atención y curiosidad; 3. Actitud escénica receptiva y aguda sobre los hechos del entorno; 4. Actitud corporal armónica como punto de partida para la composición del personaje; 5. Estado de interés; 6. Comportamiento escénico forjado y creíble; 7. Establecimiento de comportamiento escénico que permite ajustar la cotidianidad en relación a algo que está por emerger; 8. Campo de potencia que se mantiene en expansión hasta encontrar el momento preciso en que una 'expresividad de otra cualidad' se presenta como una posibilidad.[28]

[28] Extraído de mi tesis de doctorado (De Paula 2015, 102).

Analizando las proposiciones y mi anotación con cierta atención, se puede constatar inmediatamente que lo "neutro" es una categoría ambivalente, utópica y tangible, una cualidad de presencia de comprensión posible que, al mismo tiempo, funciona como conjunto de ideas guía del trabajo del actor sobre sí y en la búsqueda de una composición de presencia escénica forjada y comprendida como "neutra" – entonces, a pesar de que lo neutro pueda ser considerado una expresividad de "grado cero", este emana y denota trazos identitarios expresivos y relativos a lo "neutro".

Por otro lado, en cuanto a cualidad de presencia, lo neutro es apenas una de las fases del "Juego del Círculo", pues en la medida en que el juego avanza en sus diferentes fases, las relativas al personaje y las dramaturgias emergen y se verticalizan. Con el transcurrir de los procedimientos, lo neutro es una cuestión que va siendo superada para abrir espacio a los procesos de composición del actor y de la escena teatral – instancias en las cuales otras expresividades ganan atención al definir y establecer sus diferencias; permitiendo, por un lado, a los actores, organizar sus composiciones relativas a las instancias ficcionales y, por otro, a aquellos que ven la acción escénica, que comprendan que aquello que se desarrolla delante de ellos es la propia representación.

Estas son algunas de las cuestiones fundacionales que me llevan a comprender que el modo más justo de referirse a este proceso sería "Juego de Círculo" sin embargo, por el momento, me parece importante mantener la inserción entre corchetes del término "neutro" para aludir a la manera por la cual es más conocido. Reitero la contradicción instaurada haciendo una especie de hincapié al afirmar que lo "neutro", como expresividad posible para el juego del actor es una cualidad de presencia ambigua, primero, porque aunque no se quiera expresar nada, a los ojos de un observador, el sujeto observado siempre es posible de análisis y lectura; segundo, porque las reglas referentes al contexto del juego instalan un campo de correlaciones para los procesos de composición del actor, en los cuales la presencia escénica puede ser comprendida a la luz de las circunscripciones posibles sobre lo "neutro", funcionando como metáfora potente para los procesos de preparación y creación del actor.

Condición de nebulosa – o: trabajo compositivo del actor

Actuar.

Representar.

Una investigación simple acerca de estas terminologías trae a colación definiciones directamente relacionadas al trabajo del actor y nos permite constatar que ambas se necesitan y se retroalimentan, veamos: actuar está circunscrito como "representar, ejercer un papel como actor o como actriz [29]" y *representar*, es descrita como representar una idea, un concepto; desempeñar un papel en el teatro, en el cine, actuar o escenificar" [30]. Tanto en una como en otra, "representar" es "actuar", cuando son convocadas, toman parte en el dilema fundacional del oficio del actor: un individuo que desarrolla su trabajo en un espacio intersticial, en el cual, trazos biográficos y ficcionales cohabitan en un juego de presencias que, pendiendo a veces más de un lado, a veces más del otro, definen "esto" o "aquello", es decir, si los procesos compositivos del actor se desarrollan a partir de una base textual ficcional, su actuación tenderá a representar al sujeto ficcional por él representado y, ambiguamente, aunque su acción escénica sea pauteada en materiales textuales biográficos (personales o de otros), los resultados también serán una especie de organización que "actúa la representación de" al mismo tiempo que, para "representar determinada cosa", el actor deberá "actuar tal cosa".

Esta situación de ambigüedad instala un campo potente para los procesos contemporáneos de actuación, en los cuales una especie de nebulosa se coloca como condición del juego.

> *Nebulosa*: 1. Condición de juego a partir de la cual el actor desarrolla su línea de acción en una condición de liminaridad [...]; Cualidad observada en el juego del actor

[29] [Actuar]. In: *DICIO, Diccionario Online de Portugués*. Porto: 7Graus, 2020. Disponible en: ‹https://www.dicio.com.br/atuar/› Revisado en: 25/09/2020.

[30] [Representar]. In: *DICIO, Diccionario Online de Portugués*. Porto: 7Graus, 2020. Disponible en: ‹https://www.dicio.com.br/representar/› Revisado en: 25/09/2020.

> que transporta el campo perceptivo del espectador a la condición fronteriza entre lo real y lo ficcional; 3. Condición de presencia escénica performativo del actor que instaura una especie de "ni aquí ni allá", es decir, una teatralidad discreta y fundida con la propia cotidianidad. [31]

Colocando estas cuestiones en confrontación con el Juego del Círculo [Neutro], el cual, como todo proceso creativo, necesita también de una base textual[32] para su pleno desarrollo, se constata que las cualidades de presencia que el actor organiza en el juego de escena y en relación a la base textual, se instala una condición palimpséstica, en otras palabras, una especie de "ser otro siendo él mismo".

Una lectura posible es que los procesos compositivos responsables por establecer una especie de "ser otro", es resultado de aquello que denomino como "condición de nebulosa", una cualidad de actuación en la que el hilo invisible que separa las instancias reales y ficcionales es percibido a partir de una tensión sutil organizada por el arreglo del tránsito de las diferentes voces, líneas de acción y capas que diferencian y confunden los trazos de lo real y lo ficcional.

Por otro lado, más allá de la estética y del gusto, el actor siempre se depara con la necesidad de sistematizar su material y, aunque los resultados escénicos prevean un evento escénico improvisado, los procesos de preparación de un hecho de esta naturaleza organizan las coordinaciones necesarias para que su organización sea posible. Esto significa que los encuadramientos del juego para el actor, aun siendo de reglas abiertas, son dirigidos por principios organizativos, del mismo modo, lo son aquellos vinculados a las nociones de partitura y/o estructuras más cerradas.

A pesar de que los procesos de preparación y creación disparados por el juego del círculo tengan como enfoque la individualidad del actor "es necesario tener conciencia todo el tiempo que el entrenamiento no es

[31] Extraído de mi tesis de doctorado (De Paula 2015 96).

[32] La opción de utilizar "base textual" es por considerar este enunciado portador de aberturas para el desarrollo de un trabajo creativo a partir de diferentes materiales que pueden funcionar como "texto de partida" – sea, un simple "tema" o cualquier otra referencia inicial al establecerse un proyecto.

una terapia, sino una creación artística". (Aranha in De Paula 2015, 312) Es comprometido con la obra de arte en la que los fundamentos observados en los diferentes procesos de preparación y creación del actor apoyan sus proposiciones.

Y para colaborar con el terreno escurridizo sobre actuación / representación y real / ficcional, convoco a Augusto Boal al afirmar que "la ficción es una de las múltiples formas que la realidad asume, tan real como cualquier otra. Todo es real: ¡la única ficción que existe es la palabra ficción, porque designa una cosa que no existe!" (Boal, 23-24) ¡Actuar siempre es un juego de tensiones!

Sobre permeabilidad a lo real y espontaneidad

Si las acciones por mí emprendidas en el doctorado (2012 – 2015) habían elegido una especie de juego nuevo del Círculo [Neutro]´para experimentar, replantear, verificar sus orientaciones y describir sus procesos y procedimientos para poder compartirlo como metodología de trabajo, al finalizar la investigación, noté que otras comprensiones e intereses habían surgido y la propia figura de Thierry Salmon, se había establecido como campo de estudios debido a los indicios observados en su identidad de artista: un director – pedagogo interesado en la dirección del actor en un espacio escénico no convencional.

En una entrevista, Salmon afirma:

> Siempre me ha encantado trabajar en el exterior. Trabajar en lugares diversos es una fuente de creatividad. Esto nos permite, a mí y a los actores, estar en inmersión total y en estado de permeabilidad con el ambiente. Aproximarse a un texto de manera geográfica nutre concretamente y crea una relación de realidad. Siempre trato de hacer que la realidad penetre en el espectáculo. Busco estar en estado de permeabilidad para recrear en el trabajo las condiciones del texto. (Salmon *in* De Paula *et al* 2019, 130)

Siguiendo este camino, mis estudios de post doctorado[33] tuvieron la intención de investigar posibles orientaciones metodológicas en los rastros dejados por Thierry Salmon al conducir los procesos de creación relativos a los espectáculos vinculados a los proyectos "*Dostoevskij*" e "*Temiscira*"[34], para así, tratar de circunscribir un posible conjunto de atenciones referentes a la dirección del actor y al espacio escénico no convencional. Aquí, destaco la "permeabilidad a lo real", como una importante premisa que dirige diferentes procesos debido a las condiciones por ella impuestas.

Según Renata M. Molinari,

> Encontramos la exigencia de la permeabilidad en todas las fases del trabajo: en todo el proceso de construcción del personaje en relación a los actores, entre sí y con los respectivos personajes, pero también en la exploración colectiva del espacio [...] y en la constante ruptura de las fronteras entre el lugar de la historia y las circunstancias de la representación. En ese territorio de fronteras se disminuye la relación entre actor y espectador: aquí la invención del primero se nutre de actividades concretas y cotidianas, capaces de transformar el espacio de la representación y, en relación a eso, la posición del espectador, hasta que su inconsciente asuma un papel, una función específica y reconocible en la dramaturgia del espectáculo. (Molinari 2008, 159)

Estas anotaciones nos colocan en una situación ambivalente y si no, atemporal, bastante contemporánea, acerca de la actuación y del teatro. Considerando que actuar, interpretar y/o representar son cuestiones directamente ligadas al arte del actor, la cual, independiente de la terminología usada, fue, es y, sospecho, será un elemento siempre central del

[33] Universidad de Boloña, 2018-2019. Supervisión: Prof. Dr. Marco De Marinis (*Dipartimento delle Arti; Università di Bologna, Italia*) Colaboración: Renata M. Molinari (*La Bottega dello Sguardo, Biblioteca Molinari; Bagnacavallo, Italia)*

[34] También llamado "*Progetto Amazzone*" (Molinari 2002 07).

quehacer teatral, dado que la propia acción detiene la potencia de la evocación, por sí sola, instala espacios posibles e imaginarios. Al mismo tiempo, el propio lugar utilizado para el desarrollo de la acción escénica es también portador de efectos evocativos, pues al instalar atmósferas y convocar presencias, activa memorias en el espectador tornándolo *partícipe* y cocreador en la construcción de la obra de arte. Estas anotaciones me obligan a presentar al menos dos referencias clave para una mejor comprensión: de un lado, podemos considerar las especificidades entre obra y experiencia participativa observadas en el teatro de inmersión[35]. Por otro lado, la escena ambigua instalada por grupos interesados[36] en un campo escurridizo donde lo real y lo ficcional son instancias productivas y permeables para los procesos dramatúrgicos, para el juego de actores y, consecuentemente, para la instalación del campo perceptible de los espectadores en situación de liminaridad.

Entre las posibilidades de relaciones y aproximaciones de las proposiciones de Thierry Salmon con la escena contemporánea, un legado relevante de su teatro, desde mi punto de vista, está en el trabajo del actor por él requerido, orientado por un juego de actuación desarrollado en una especie de "ni aquí ni allá", una región fronteriza entre la mezcla de lo real y la ficción. Podemos afirmar, por este estado de juego presente en el trabajo del actor, que actúa directamente en la percepción del espectador, colocándolo en una especie de "situación intersticial, de *between and between*" (Fischer-Lichte 182), debido a la escena ambivalente y desestabilizadora de su campo sinestésico. Creo que estas son algunas de las anotaciones posibles para circunscribir el "Teatro de Thierry Salmon", bajo el estatuto, no apenas de lo contemporáneo, sino de actualizado con la escena y con los procesos compositivos del actor del siglo XXI

Finalmente, al reflexionar sobre los ensayos y la repetición, sean o no determinantes para la práctica de la actuación, emerge una cuestión

[35] Ver, por ejemplo, las experiencias propuestas por el colectivo Rimini Protokoll y por el director y dramaturgo Renè Polesch.

[36] Ver, por ejemplo, los trabajos conducidos por Leonardo Moreira (Cia Hiato, São Paulo/SP) y por Rafael Michalichem (Falsa Cia, Uberlandia/MG).

que traspasa el arte del actor a lo largo del siglo XX y que figura sobremanera en la escena contemporánea, relativa a la búsqueda de la propia espontaneidad, no como punto de partida, sino a donde se debe llegar. Primero es posible afirmar que la espontaneidad es un elemento central en el Juego del Círculo [Neutro], un territorio que promueve la percepción de sí, de manera aguda, y al mismo tiempo, instaurador de un comportamiento supuestamente espontáneo, debido a la organización de una cualidad de presencia forjada y al mismo tiempo, pasible de credibilidad y potente lo suficiente para dislocar la percepción del espectador a la condición de liminaridad entre lo artificial y lo real. Es posible afirmar también, que la espontaneidad es una cualidad reactiva observada en el comportamiento escénico del actor, desarrollada de modo coherente y orgánico en relación al contexto del juego y análoga a la "restauración del comportamiento" (Schechner *in* Barba *et al* 244), un principio organizacional y operacional para el trabajo creíble del actor, de otro modo: al ver una presentación escénica es hasta posible reconocer cierta "espontaneidad" o "frescor" en las acciones de los actores, pero el reconocimiento de este "espontáneo" se debe principalmente al contexto del juego y a la maestría del trabajo de composición del actor que organiza soportes y estructuras que propician por un lado, la cancha para adaptarse a los imprevistos, y por otro, la "restauración del comportamiento como si fuera la primera vez" (Schechner *in* Barba *et al* 244). ¡Entonces, sí! Si los ensayos y la repetición funcionan como instancias que preparan, crean y establecen las condiciones para el ejercicio del Arte del Actor, a la luz de las proposiciones anteriormente destacadas, continúan siendo determinantes para la práctica de la actuación.

Bibliografía

Barba, Eugenio; Savarese, Nicola. *A arte secreta do ator: um dicionário de antropologia teatral.* São Paulo: É Realizações, 2012.

Boal, Augusto. *Jogos para atores e não-atores.* RJ: Civilização Brasileira, 1998.

Castro, Maurício Paroni de. *Aqui ninguém é inocente: Voltaire de Souza, o intelectual periférico.* SP: Alameda, 2007.

De Paula, Eduardo; Castro, Maurício P.; Molinari, Renata M. (Org). *[Dossiê] INCURSÕES NO TEATRO DE THIERRY SALMON - "porque o efêmero também deixa marcas". Revista Rascunhos: caminhos da pesquisa em artes cênicas.* (ISSN 23583703). Universidade Federal de Uberlândia Instituto de Artes. Vol. 6, n.1 (2019) - Uberlândia: EDUFU, 2019. (https://doi.org/10.14393/RR-V6N1-2019-00)

De Paula, José Eduardo. *Jogo e Memória: Essências - Cena Contemporânea e o Jogo do Círculo Neutro como anteparos para os processos de preparação e criação do ator.* (Tese de Doutorado). Orientador: Prof. Dr. Armando Sérgio da Silva. São Paulo: USP/ Escola de Comunicações e Artes, 2015. (https://doi.org/10.11606/T.27.2016.tde-12012016-111134)

Fischer-Lichte, Erika. *Estética de lo performativo.* Madrid: Abada Editores, 2011.

Lecoq, Jaques. *O Corpo Poético: uma pedagogia da criação teatral.* São Paulo: Editora SENAC São Paulo: Edições SESC SP, 2010.

Meldolesi, Claudio, Molinari, Renata. *Il lavoro del dramaturg nel teatro dei test con le ruote - dalla Germania all'aria italofrancese nella storia e in um percorso professionale.* Milano: Ubulibiri, 2007.

Molinari, Renata M. "Omaggio a Thierry Salmon; in Prove di Drammaturgia". *Rivista di inchieste teatrale.* (nº 2, dicembre 2002). Università di Bologna; Italia, 2002 <https://tinyurl.com/yxo2yo6f>; acessado em 24/09/2020.

---. *Viaggio nel teatro di Thierry Salmon. Attraverso «I demoni» di Fëdor Dostoevskij.* Milano: Ubulibiri, 2008.

II
Procesos pedagógico-artísticos

Pedagogía como encantamiento: procesos artístico-pedagógicos como ejercicio para otros posibles[37]

Henrique Bezerra de Souza

La cura de un mal antiguo

Comprendo los procesos de enseñanza-aprendizaje como actos creativos. Por medio de su elaboración, construcción o vivencia, ellos cargan la posibilidad de descubrir sentidos antes desconocidas. Al hacer esto, trae a colación distintas formas de observar y vivir la realidad, contribuyendo entonces a la construcción de otras visiones de mundo. En ese sentido, enseñar y aprender pueden actuar como una especie de cura a miradas condicionadas por lógicas imperativas.

Escoger el término cura nos hace suponer que hay alguna molestia, de hecho, considero que sí hay una enfermedad. Como en los peores males, este tiende a estar invisible mientras se propaga, hasta el momento en que da el tiro de gracia en el cuerpo social y pasa a condicionar formas unívocas de ver y existir.

El punto de inicio de la dolencia que aquí se señala, vino en el momento en que las embarcaciones europeas invadieron las playas latinoamericanas, pero ese contagio no se dio a través de virus y bacterias, sino por la fuerza de la explotación. Por los dichos y hechos de una visión colonialista incorporada en los habitantes, buscando justificar la existencia de sujetos explotados y la deslegitimación de saberes a los que no le encuentran lógica.

Esa herencia colonial aún se hace presente en las formas de construcción del conocimiento y consecuentemente en la visión de mundo de los individuos que enseñan y aprenden. La invisibilidad de su propagación

[37] Este manuscrito se apropia de partes del texto *Pedagogía como encantamiento: el acto de enseñar y aprender como cura instauradora de las revoluciones necesarias* ya publicado en la revista Urdimento v. 1, n. 40 (Bezerra de Souza, 2021). Sin embargo, debido al hecho de ser una investigación en proceso, el texto aquí presentado trae modificaciones y profundiza la discusión realizada anteriormente.

es, al mismo tiempo, falsa e impuesta, pues entre las varias estrategias de dominación, usan la fuerza de la repetición epistémica, asolapada en la alcurnia de "clásicos" para reclamar para sí el puesto de lo que es normativo, transformando en los modos de saber que de ellas provienen en desvío.

Al hacer esto, crea la ficción de *historia única*[38] (Adichie 2022) que entierra la diferencia entre saberes y existencias bajo la narrativa hegemónica. En este cuento macabro, el presunto patrón universalizante exotiza lo que difiere de él, deslegitimiza fuentes de conocimiento que no armonizan con su visión de mundo, promoviendo un *epistemicidio* (Santos 1999) y la definición de *seres y no seres*[39] (Carneiro 2015).

En otras palabras, las consecuencias de ese mal implican la naturalización de un imaginario cultural y social de bases europeas como siendo la forma normativa de relación con el mundo y con la producción de conocimiento. En esta óptica, otros imaginarios, perspectivas cognitivas distintas y formas de concebir y lidiar con el conocimiento son sub

[38] Chimamanda Ngozi Adichie alerta sobre los peligros de simplificar la complejidad cultural de personas y pueblos por medio de la repetición de lo que ella llama "historia única". De acuerdo a ella, contar una "historia única" crea estereotipos y jerarquiza pueblos y culturas. En sus palabras: "Entonces es así que se crea una historia única: muestre a un pueblo como una cosa, como solamente una cosa, repetidamente, y será en lo que ellos se convertirán. Es imposible hablar sobre la historia única sin hablar sobre poder. [...] Cómo son contadas, quién las cuenta, cuándo y cuántas historias son contadas, todo realmente depende del poder." (Adichie 2022)

[39] Boaventura de Sousa Santos (1999) alertó sobre lo que denomino epistemicidio, es decir, la inferiorización de saberes locales y riqueza de perspectivas presentes en la diversidad cultural, en favor de una producción de conocimiento determinada por moldes colonialistas. Sueli Carneiro (2005), revisó el término acuñado por el sociólogo portugués y lo investigó bajo la óptica de un racismo epistémico. En ese sentido, lo que antes era centrado en el carácter epistemológico, evidencia su potencial ontológico, puesto que la deslegitimación de saberes, invariablemente, niega la humanidad de los sujetos y define lo que ella denomina como "no ser". En las palabras de la autora: "Esto porque no es posible descalificar las formas de conocimiento de los pueblos dominados sin descalificarlos también, individual o colectivamente, como sujetos cognoscentes. Al hacerlo, se les destruye la razón, la condición para alcanzar el conocimiento "legítimo" o legitimado. Por eso el epistemicidio hiere de muerte la racionalidad del subyugado o la secuestra, mutila la capacidad de aprender, etc. Es una forma de secuestro de la razón en doble sentido: por la negación de la racionalidad del Otro o por la asimilación cultural que en otros casos le es impuesta" (Carneiro 2005 97).

alternizadas, folclorizadas e incluso nombradas como primitivas. Este movimiento es, concomitante, una de las causas y resultados de lo que señaló Valter do Carmo Cruz:

> Leemos, interpretamos y teorizamos nuestro mundo, nuestras sociedades, nuestras experiencias, nuestros problemas, anclados en categorías, conceptos, teorías, lenguas del norte global (autores que hablan predominantemente francés, inglés, alemán e italiano, que nos hablan a partir de París, Berlín, Londres, Roma, Nueva York, etc.).Miramos al mundo por los lentes de los autores que construyeron sus reflexiones, en muchos casos, teniendo como referente, realidades completamente ajenas a la nuestra. [...] La cuestión no es la limitación o ignorancia (una condición de todos) sino la naturalidad con la que aceptamos el hecho de que el conocimiento legítimo, sofisticado y de vanguardia es atributo solamente de ciertos centros geopolíticos del norte global. (Cruz 2017 27-28)

Creo que este movimiento se remite también al campo estético y se asocia a lo que Augusto Boal (2009) denominó *pensamiento sensible*[40], haciendo que una parte de las producciones brasileras sea concebida, valorada bajo una perspectiva de comparación con moldes coloniales. Cuando este movimiento ocurre en espacios de enseñanza - aprendizaje de las artes como son las escuelas, universidades y talleres, se pasa a enseñar dichos y hechos eurocentrados, en perjuicio de perspectivas afrodiaspóricas, orientales, amerindias, o que dialoguen con la historia y manifestaciones artísticas de los lugares específicos donde ocurren, tales como *folguedos,*

[40] Para Boal el concepto de Estética está directamente relacionado con la organización sensible del caos. De esta manera, incluso antes de la articulación simbólica, la capacidad creativa y de percepción del mundo pasa por lo que él denomina *pensamiento sensible.* Ocurre que, en su visión, hay un intento de dominación de esta forma de pensamiento por las clases dominantes, una acción que el autor brasileño denominó *invasión de cerebros.* De esta manera, Boal defendió la importancia del arte para que las clases oprimidas creen sus propias obras artísticas y no tengan el *pensamiento sensible* alienado, sometido a premisas o dogmas preestablecidas. Para más información ver Boal (2009).

maracatus, congadas, mascaradas, etc. El resultado de esto es un discurso indirecto que incentiva a los estudiantes a continuar replicando los saberes coloniales en su propio quehacer artístico.

Esto implica una producción estética que ya nace bajo el desafío de no perder su identidad frente a modos de creación que no son necesariamente acorde con lo que esta busca, anhela, desea... Todo este panorama contribuye a la reafirmación de una visión de mundo unívoca determinada por el repertorio simbólico de la cultura dominante.

Hacer estas afirmaciones no significa alegar que las insurgencias no existan, sino reforzar la urgencia de otras perspectivas, de visibilizar las desobediencias epistémicas, artísticas y culturales, que dialogan íntimamente con los locales que les dieron origen en el intento de descubrir otras formas de lidiar con el mundo. Frente a esa conjetura, pienso que la práctica pedagógico-artística debe ser tratada como cura para la molestia colonial, como algo que tenga en sí la potencia de transformación y las acciones necesarias para realizarlas, como un encanto para transgredir hegemonías.

Antes de volcarme a la práctica escénica, enfoque de este texto, coloco en el caldero de esta argumentación compañeros y compañeras epistemológicos que pensaron más allá de ella, investigando la formación de sujetos de un modo más amplio, humano y transformador. De esta manera, abro esta contienda con lo dicho por Paulo Freire "[...] como experiencia específicamente humana, la educación, es una forma de intervención en el mundo" (Freire 2020 96).

La intervención que el autor señala puede trabajar en favor de cambios y desenmascaramientos de la(s) ideología(s) dominante(s), incentivando a los individuos a encarar la realidad social como mutable, como posibilidad. Sin embargo, él también alerta que ella puede trabajar para reproducir la explotación, para la defensa de determinismos fatalistas que conciban esa misma realidad como norma inalterable y alimenten una *cultura del silencio*[41].

[41] En la perspectiva freiriana la *cultura del silencio* se refiere a una concepción que defiende una presunta superioridad cultural entre individuos y/o pueblos distintos. De

Así es que, visto desde esta perspectiva, el acto pedagógico es en sí una decisión política y, en el caso en que se centre apenas en la transmisión de informes, reafirma el patrón dominante, trayendo como consecuencia una concepción estática del conocimiento y del mundo. Seguir esa postura de imitación también contribuye para la aniquilación del potencial humano de las personas involucradas a verse, ya no como sujetos capaces de transformar, reflexionar y cuestionar lo aprendido, sino como cosas que simplemente archivan lo aprendido. Al ser tratado como *cosa*, ocurre que el individuo es, además, sustraído de la vida, pues en la óptica freireana la vida no está ligada exclusivamente a factores biológicos, sino a la capacidad de transformación, cambio, de verse como sujeto capaz de alterar el mundo y su entorno.

En esa acepción, el mal colonial es una enfermedad fatal, puesto que cosifica a los seres, les retira la potencia autoral en nombre de la repetición de un presunto patrón universalista y, con eso, aun estando biológicamente vivos, los coloca en una situación de mortandad.

Pedagogía como encantamiento

En el intento de luchar contra esa molestia, el potencial de intervención de la educación necesita ser encarado desde su lado cuestionador. Para eso, recurro a la imagen que inicialmente puede ser distanciada de este hecho: parte de lo que es "magia" se refiere a un conjunto de prácticas y procedimientos canalizados por la fuerza de voluntad de la persona practicante que busca alterar – en alguna medida –la realidad o sus formas de vivenciarla. En niveles individuales o colectivos, tales prácticas reconfigu-

manera resumida, el autor señala que esta rectifica una división entre el "Primer Mundo" como aquel que "habla, que impone" y el "Tercer Mundo como el que "escucha, que sigue". Esa misma *cultura del silencio* también se extiende a las relaciones de los individuos presentes en estos mundos, de modo que, sea uno u otro, aún existen sujetos que buscan imponer sus visiones de mundo y callar a aquellos que divergen de ellas. Cuando se propaga continuamente, esta forma tiende a trazar condicionamientos ideológicos que dificultan una lectura crítica de la realidad, haciendo que la explotación sea concebida como algo natural. Para más información ver Freire (2018) ran momentáneamente la relación de los sujetos con el mundo, haciéndoles encarar la trama del cosmos como posible de ser moldeada en favor de los más diversos objetivos

En ese sentido, es importante observar lo que defienden Luiz Antônio Simas y Luiz Rufino como *encantamiento.* Para los autores "[...] encantar es la expresión que viene del latín i*ncantare,* el canto que hechiza, embriaga, *crea otros sentidos para el* mundo." [El subrayado es mío] (Simas e Rufino 2020 4). Así "[...] el encantamiento dribla y hechiza las lógicas que quieren sostener la vida en un único modelo, casi siempre ligado a un sentido productivista y utilitario." (Simas e Rufino 2020 9)

Así pues, recurro a esas imágenes para pensar en la *pedagogía como encantamiento.* Forma de actuar que comporta una serie de acciones en el proceso de enseñanza-aprendizaje que cuestionen lo ya sabido, disloquen una posible visión naturalizada de la realidad social que viven los seres para que ella pueda ser *ad-mirada* [42] y vista apenas como *una* de las formas posibles.

A pesar de las imágenes escogidas para inspirar ese proceso, esta visión no consiste necesariamente en la apropiación de medios milagrosos para el proceso de enseñanza-aprendizaje. En esta sustentación, el término encanto no se aproxima en nada a la idea de fascinación o arrebatamiento, sino que surge como un intento de desacralización de la noción de cambio como algo divino o que va más allá de la existencia humana, retomando en los individuos ese potencial de transformación y clamando que la magia, encantamiento y consecuente modificación de la realidad se dan en la existencia objetiva de los seres que se hacen sujetos.

Lo que se defiende entonces es que, al encarar la *pedagogía como encantamiento,* la construcción del conocimiento es capaz de tensionar la realidad en que viven los seres, de tal forma que estos pasen a ver el mundo como histórico, posible de ser transformado y problematizado, no

[42] *Ad-mirar*, para Freire, es observar el objeto de estudio con una mirada de extrañeza. "Tomar distancia" de visiones ya condicionadas de este objeto y examinarlo curiosamente para cuestionar las posibles relaciones establecidas por el uso cotidiano o hegemónico. Para más informaciones ver Freire (2018).

como mero *soporte*[43]. Es así que ella enfatiza que la percepción dada en modelos únicos y totalitarios que valoran la complejidad cultural-epistémica de las personas bajo jerarquías no es un hecho dado y natural, sino una construcción humana, y por eso, puede ser cuestionada. Visto en esa perspectiva la *pedagogía como encantamiento* les entrega a sus practicantes el valor de alterar el mundo y no apenas adecuarse a él.

Sintetizar el modo de pensar en cuestión, haría que abandonasen el "¿Cómo me ajusto a eso?" por "¿por qué de esta manera?". Mientras la primera pregunta induce un movimiento de conformación y esconde una concepción de realidad inmutable, en la cual se debe encajar; la segunda genera un cuestionamiento que moviliza, reconoce que hay algo siendo impuesto, pero en vez de entenderlo como natural, piensa en su existencia para que enseguida proponga algún cambio. A pesar de, aparentemente responsivo, el segundo movimiento complejiza aún más el acto cognoscible, pues se sumerge en el problema conociendo sus mecanismos, emerge de él para cuestionarlo y en ese movimiento busca transmutaciones posibles.

Por más que exista un deseo de aniquilar la molestia colonial, lo que defiendo no se debe confundir con un intento de excluir el conocimiento que llegó de fuera. Reconozco sus conquistas, pero no sus presuntas superioridad y neutralidad. En esta dinámica, llevo esta discusión a una encrucijada y sumo a los versos que propago las palabras de Luiz Rufino sobre el *cruzo*[44]:

---

[43]Para Freire, las cosas y animales existen en el mundo sin la conciencia de que pueden alterarlo, transformarlo. Aunque produzcan pequeños cambios en el medio, tales transformaciones no son sustanciales a punto de efectivizar un cambio intencional para toda una comunidad, entonces ellos habitan el mundo como *soporte*. Diferente a los humanos, al tener conciencia de su capacidad de transformación, pueden modificar el mundo por medio de su fuerza de creación, son *sujetos,* no cosas, por lo tanto, lo que habitan no es mero *soporte*, sino un mundo que es, también, un espacio histórico. Para mais información ver Freire (2004)

[44] Nota de traducción: Luiz Rufino es un autor que se inspira en la filosofía y en las religiones de matrices africanas para desarrollar sus teorías pedagógicas. De esa forma, usa la palabra "cruzo" como sustantivo, una referencia al punto de encuentro de una encrucijada, tomando ese término como metáfora para la convivencia y mixtura de epistemes en perjuicio de una jerarquización de los saberes. Al no encontrar un término semejante en español, optamos por mantener la grafía de la palabra en su lengua nativa.

> La perspectiva presentada por las encrucijadas de *Exú*, se orienta por la noción de *cruzo,* así, estas *encruzas* y sus respectivas prácticas, no hablan meramente sobre la subversión. Lo que se propone no es la negación o ignorancia de las producciones del conocimiento occidental y de lo que acumulan, tampoco el intercambio de posición entre norte y sur, entre colonizador y colonizado, entre los eurocentrismos modernos y otras opciones emergentes. Lo que versa en las potencias de *Exú* es el alborotamiento de las lógicas dicotómicas para la reinvención cruzada. (Rufino 2019 37)

Por lo tanto, pensar en la *pedagogía como encantamiento* y en el proceso artístico pedagógico como cura, envuelve una vivencia de conocimiento en el entre, en el encuentro, en el choque, no en la subyugación. En la ruptura de la *cultura del silencio* para elevar el canto de las voces disonantes que tienden a ser calladas. Encarar esa pedagogía como intervención en el mundo que carga en sí aspectos de magia, una magia del cotidiano, del cambio de la realidad objetiva de los seres a través de la *ad-miración* de los objetos cognoscibles y crítica de monologismos imperativos.

Así pues, no es el asesinato de las experiencias eurocéntricas y norteamericanas, sino un intento de coexistencia, diálogo, choque con lo que se practica en la parte sur del Atlántico. Con esto, las prácticas derivadas de esta forma de pensar el acto pedagógico evitan el orden de la inversión, no buscan clamar para sí un carácter universalizante, pero actúan inspiradas en el *cruzo*. En lugar de certezas, esas acciones cargan en su génesis incertezas movilizadoras, surgidas en las tensiones entre saberes.

En ese sentido, adquieren una dimensión política al visibilizar lo que no era visto, pensar lo que no era pensado, e invadir espacios antes no ocupados por sus lógicas de construcción del conocimiento. Exigen, como en un encanto, creer en la potencia de los sujetos que las componen, en su posibilidad de *ser más*[45] para que puedan contribuir activamente en los procesos de construcción de los saberes. Esa contribución no es leve, libre y suelta, pero, como un procedimiento mágico, posee formas organizadas para la canalización de las fuerzas transformadoras.

A pesar de todo, pienso que sería muy ligero dictar *una* metodología de acción para la *pedagogía como encantamiento* al clamar la multiplicidad. Me detengo entonces a identificar algunos de los principios que la animan, comprendiendo que, en el diálogo que se teje con el momento, espacio y con las personas involucradas en los procesos pedagógicos, surgirán prácticas distintas. A la fecha de esta investigación, destaco los siguientes principios: un estímulo a la *curiosidad epistemológica*[46] de los participantes, la situación cognoscente mediatizada por una *cosa común*[47] y la atribución de corporalidad y georreferencialidad en la construcción de los saberes.

La articulación entre la *curiosidad epistemológica* y la mediación por medio de una *cosa común,* tiende a propiciar una ruptura en el tejido sensible del proceso pedagógico, evitando que la figura docente se asemeje al maestro que conduce el encanto. Con eso, se puede construir un paradigma de enseñanza-aprendizaje en el cual todas y todos los participantes actúan como investigadores de la realidad para problematizarla y, enseguida, encantarla. Consecuentemente, coloca al objeto del conocimiento

---

45 Freire defiende que los individuos son inconclusos, pudiendo aprender y transformar a sí y al mundo indefinidamente. Por lo tanto, tienen la posibilidad de *ser más,* de tal forma que los humanos, en esta acepción, son vistos como eterna potencia. Para más información ver Freire (2004).

46 Para Freire, la curiosidad es una piedra fundamental del aprendizaje. Conforme el sujeto profundiza una investigación acerca de un tema y pasa a consultar otras fuentes de investigación, crear métodos y desarrollar rigor en este proceso de búsqueda, su curiosidad se va convirtiendo en una *curiosidad epistemológica,* crítica. Para más información ver Freire (2020).

47 El filósofo francés Jacques Rancière defiende que para que haya un reconocimiento de una igualdad de inteligencias, la relación de enseñanza-aprendizaje no se puede restringir a explicaciones que un individuo hace a respecto de un objeto, sino que debe ser mediada por algo material que sea objeto de investigación de todos los involucrados. Así, defiende que haya una *cosa común* en la que los sujetos cognoscentes reflexionen juntos y que con eso construyan el conocimiento. Para más información ver Rancière (2015).

como algo histórico, condicionado por factores locales y temporales, retirando una posible aura de universalidad que plasmaría las especificidades producidas en contacto con otros individuos y saberes.

De este movimiento deriva el deseo de atribución de corporalidad y georreferencialidad a la construcción del conocimiento. Entonces, en el momento en que el mal colonial clama para sí el puesto de norma, este parte del presupuesto de que su modelo es neutral, universal, descorporalizado, sin materia. Este opera como si el saber no tuviera cuerpo ni local y existiese sin ninguna consideración previa. Eso aduce a una sensación de que, indirectamente, el conocimiento producido en su lógica es transcendental, absoluto, que se encajaría en todas las realidades y es independiente de los sujetos que lo produjeron y del contexto que le dio forma. Tal observación puede ser apreciada en un discurso realizado por Ariano Suassuna en la década del 1990:

> Si ustedes abren cualquier manual sobre teatro brasileiro, van a encontrar dos afirmaciones: la primera, de orden general, es que el Teatro nació en Grecia, y la segunda es que el teatro brasileiro nació con los jesuítas cuando llegaron aquí con el teatro de Anchieta, etc. A mí me parece que una cosa muy clara es *que el teatro que nació en Grecia es el teatro griego.* Porque el teatro japonês no nació en Grecia, el teatro chino no nació en Grecia [...] Y el teatro brasileiro no nació cuando los Jesuitas llegaron. Los Jesuitas trajeron una contribución importantísima, *pero el teatro ya existía aquí.* [El subrayado es mío] (Suassuna 2022)

Aun estando centrada en la práctica teatral, la crítica realizada por el autor apunta a esa tendencia universalista de mal colonial. Con esa simple observación, Suassuna demostró que una parte de los estudios acerca de la práctica escénica parte, desde el inicio, de presupuestos equivocados, como si el modelo griego o jesuita fueran parámetros para todos los otros quehaceres y no tuvieran en sí un cuerpo y un lugar de enunciación específicos. No obstante, la influencia que tales modelos ejercieron en la práctica artística (mundial y brasileira específicamente), lo que la crítica del autor nordestino revela es que hay una serie de discursos que los convierte en un punto de partida, y así deslegitima formas de producción escénica que no se encuadran en tales propuestas.

Frente a este ejemplo, me parece saludable enfatizar que el conocimiento es producido por personas con un tipo de relación y que, a su vez, carga las marcas de sus fuentes, las subjetividades de sus autores y autoras, los fragmentos de sus visiones de mundo acerca del objeto cognoscible investigado. No existe saber sin cuerpo y sin origen y, más que eso, estos factores son condicionantes de su producción. Ignorar tales características fomenta una ficción de que existen saberes universales, neutro, y con eso, refuerza el *epistemicidio* alertado anteriormente. Se debe tener en mente esa corporalidad y georreferencialidad de los saberes para practicar la *pedagogía como encantamiento.*

Lo que deriva de la conjunción de esos principios es que el proceso pedagógico reconoce la multiplicidad en la producción del conocimiento y puede sumar en sí las voces disonantes. Los participantes del acto de saber no son engañados con una pretendida neutralidad o superioridad epistémica, ni quedan enterrados por los informes que la figura docente repasa, sino en la confrontación de sus realidades con el objeto cognoscible, alumnos y profesores construyen el conocimiento.

En otros términos, aprenden a entonar las propias palabras respecto a un tema o investigación. Sus voces no funcionan como mero transporte de otras palabras incorporadas en sus mentes, sino pasan a ser el vehículo de la comprensión que elaboran al vivir la situación cognoscente. Comprensión que es el primer paso para los posibles cambios de mundo y de modelos de enseñanza.

En el intento de potencializar estas palabras, rescato aquí una parte del prefacio que el profesor Ernani Maria Fiori hizo en *Pedagogía del Oprimido*:

> *Con la palabra, el [ser humano] se hace [humano]. Al decir su palabra, pues el [individuo] asume conscientemente su esencial*

> *condición humana.* Y el método que le propicia ese aprendizaje se conmensura al [ser humano] todo, y sus principios fundan toda pedagogía, desde la alfabetización hasta los más altos niveles de la labor universitaria. (Fiori 2004 5)[48] [El subrayado es mío]

Esto es un factor determinante para la cura que aquí se busca y defiende pues, en la perspectiva opuesta, una figura que no detiene el poder de las propias palabras y apenas repite las que le fueran inculcadas, es concomitantemente, una víctima y defensora del mal colonial. Víctima al haber sido enseñada que su papel es el de "escuchar, seguir" lo que le era dicho y en las ocasiones eventuales en que habla, su voz podría tener una marca personal, sin embargo, repite las palabras, epistemes y modelos de conocimiento del otro. Con eso se convierte en defensora también, pues al limitarse a la repetición, difícilmente logra estimular en otros individuos el desarrollo de la voz propia, a ser dueñas y dueños de sus propias palabras.

Formas de encanto en la enseñanza y en la práctica escénica

Con los pensamientos mencionados anteriormente, se hace necesario reforzar que la *pedagogía como encantamiento,* difícilmente apuntará a una metodología, sino a metodologías. Por tener la transformación de la

[48] Los términos entre corchetes fueron alterados por mí. En estas ocurrencias el autor había utilizado la palabra "hombre" en su argumentación. Considero tal punto interesante para el cuestionamiento y visibilización de opresiones ocultas. El profesor Ernani Maria Fiori hizo, en el prefacio supra citado una reflexión pertinente de la propuesta freireana de enseñanza. Además de eso, en los constantes diálogos que tuvo con el padrino de la educación e incluso en escritos de su autoría, contribuyó activamente con la idea de educación emancipadora. Aun así, su carácter progresista no lo privó de adoptar en su propio discurso formas de opresión, como tomar la palabra "hombre" para designar "ser humano" y con esto excluye a una serie de personas de esta categoría. Comprendiendo que el prefacio fue escrito en 1967, momento en que las discusiones a respecto de un lenguaje inclusivo de género aún no había conquistado el merecido destaque. Este factor demuestra cómo el contexto tiene el potencial de condicionar formas de opresión que necesitan ser cuestionadas. De este modo, la cita original da indicios de que, por más liberales que busquemos ser, corremos el riesgo de replicar modelos totalitarios y hegemónicos, de ahí la necesidad de encantarlos.

realidad y la cura de la molestia colonial como eje, el encanto que ella mueve ataca estas cuestiones de maneras diversas. Entonces, ella se acerca a una forma de pensar que conduce a una serie de acciones posibles. Tales movimientos orbitan entre una conjunción de propuestas epistémico-políticas, que evidencian lo que antes estaba aparentemente oculto.

Con relación a la práctica artística, considero que una parte de su potencial está en la capacidad de hacer ver y practicar otros posibles de existir. Al trabajar con la apropiación, articulación y crítica de un discurso simbólico, los procesos de enseñanza aprendizaje en las

artes pueden fomentar una mirada cuestionadora que auxilie al rompimiento de hegemonías o discursos preestablecidos por medio del ejercicio de la reconstrucción poética de la realidad.

Tal acto configura entonces una reapropiación de la palabra de aquellos y de aquellas que de ella participan y recuperan el control sobre el *pensamiento sensible*. Al explotar activamente el lenguaje escénico, las personas se apropian de él y lo modelan, de tal forma que pueden ver y hacer ver las opresiones invisibles, los "clavos en la pared"[49] y a partir de ahí, desnaturalizarlos, lanzando esta misma mirada crítica a la realidad en que están insertados. Comprendo, entonces, que el ejercicio cargado por la práctica escénica ya carga la posibilidad de ampliar la percepción de mundo de los seres practicantes, es decir, como si el juego escénico por sí solo ya permitiese el ejercicio de desvincular las cosas y los seres de un eventual "uso natural", encantándolos.

Para sintetizar este pensamiento, traigo un discurso que proferí en el pasado:

[49] En una experiencia teatral desarrollada por Augusto Boal en Lima, hizo una pregunta que debería ser respondida con imágenes/fotografías. A partir de la pregunta "¿Qué es la explotación?", un muchacho le trajo una foto de un clavo en una pared. Él explicó que era lustrabotas y que tenía que ir todos los días hasta el centro da ciudad para realizar su trabajo. Como su residencia era distante, no le era posible cargar diariamente la caja llena de herramientas para hacer eso, alquilaba un clavo en la pared de un bar para colgar su material a cada noche. La misma acción era realizada por todos los lustrabotas de la región. Para este muchacho, la figura de ese clavo en la pared era la síntesis de la explotación. Para más información ver Boal (1980).

> Estos encaminamientos aparentemente simples, inducen un cierto descondicionamiento de la mirada. Estimulan actividades que, a mi ver, son importantes para promover fisuras en los cánones establecidos. Al evidenciar modelos totalitarios y desarrollar otras formas de uso y relación con ellos, ocurre un cierto ejercicio de alteridad. No me refiero a la obra artística en sí, finalizada, sino a su proceso, el transcurrir de su desarrollo artístico-pedagógico puede estimular una mirada cuestionadora, evidenciar las potencialidades de los sujetos y de las cosas, entendiendo que, por más que un modelo de acción sea el dominante, él aún es, apenas, uno de los modelos de acción posibles. Bajo esta óptica, se apunta a una posible fuga de la mirada *cosificante*, pues, así como las cuestiones y re significaciones que la práctica escénica puede proponer apuntan a otras posibilidades de mundo, se ejercita la noción de que esta mirada *cosificante* también es apenas una posibilidad de mirar al mundo y sus sujetos, también es condicionado por un contexto determinado y, a su vez, susceptible a cuestionamientos (Bezerra de Souza 2017 76-77).

En esa dirección, es válido destacar cierta consonancia con el pensamiento de Régia Freitas. De acuerdo a ella:

> El dialogismo escénico y la interacción simbólica entre artistas y plateas son establecidos a partir de sus respectivas multi referencialidades que dilucidan ontologías y subjetividades. En esa mediación de sentidos, imperan la pluralidad de significaciones y la imprevisibilidad de interpretaciones. A pesar de esa perspectiva caleidoscópica, creo que, de alguna manera, los textos dramáticos de las compañías que promueven el Teatro Negro brasilero, contribuyen para ampliar el capital cultural de los sujetos sociales citados anteriormente. (Freitas 2022 90)

Aunque la autora enfoque su discusión en el Teatro Negro, sus estudios apuntan a la posibilidad de rupturas que la práctica escénica carga para romper la discusión simbólica de un eje hegemónico. En su opinión, la práctica escénica afro centrada está basada en la tríade "Leer (kawe) – Decir (wéfun) – Transformar (yépada)" (Freitas 2022) de modo que su ejercicio fomenta la visibilización de otras referencias estéticas, así como la resemantización de fuentes y epistemes que fueron sub alternizadas. En mi forma de ver, tal acto es una forma de luchar contra lo que Juliana Rosa de Souza (2019) llamó "teatro blanco y su universalidad"[50] y así denunciar la pretendida neutralidad que una forma de hacer artístico posee, ampliando las discusiones resaltantes hacia otros aspectos de la vida social.

Así que, la *pedagogía como encantamiento* no es algo nuevo, es una forma de mirar y pensar acciones que ya son realizadas. En el campo teatral brasilero, ella también puede ser vislumbrada en la práctica de individuos como Augusto Boal y su conjunto de reflexiones sobre el *Teatro del Oprimido*. En el trabajo de Abdias do Nascimento y el *Teatro Experimental de lo Negro* (TEN) que, en plena década del 40, luchó por la visibilización de las cuestiones raciales en la escena, cuestionando el lugar del negro apenas en papeles cómicos o pintorescos y colocando personas negras en escena, frente a una audiencia acostumbrada a ver actores blancos con el rostro pintado.

La clave en esa forma de pensar la pedagogía está en encontrar la fisura frente a aquello que clama para sí el estatuto de norma y así, evidenciar las rajaduras para que por ellas se infiltren otras formas de saber y hacer.

Eso implica que las acciones resultantes estén necesariamente vinculadas a un contexto espaciotemporal y sean cultivadas en conjunto por

---

[50] En su tesis de doctorado, Julianna Rosa de Souza discute las tensiones entre identidad y la producción de un imaginario poético narrativo por medio de textos dramáticos oriundos de autores y autoras negras. Al hacer eso, reflexiona también sobre un modo de hacer escénico que clama para sí cierta universalidad, pero también posee un locus de enunciación específico. En sus palabras: "Al traer esta perspectiva quiero también provocar la mirada para pensar a respecto de un teatro que se propone universal, pero que puede ser leído como teatro blanco, blanco, en su universalidad y hegemonía, blanco, en el sentido dominante y jerárquico que genera ausencia e invisibilidad negra y así, hacer del teatro negro un campo específico." (Souza 2019 78)

una población concreta, no idealizada, llevando en consideración las demandas y símbolos de esos individuos. Siguiendo esa lógica, la cura del mal colonial atraviesa el repaso de informes y métodos y propone a los participantes la noción de cultura como un cultivo de sí mismo. Es así que la *pedagogía del encantamiento* busca cambiar la realidad por medio de esa magia del cotidiano que coloca a sus practicantes como productores, creadores.

En el campo del arte, los participantes de este proceso son incentivados a crear y no apenas a repetir técnicas o modelos consagrados. Si entran en contacto con estas propuestas es para articularlas con los principios anteriormente mencionados *(curiosidad epistemológica, cosa común,* corporalidad y georreferencialidad), y así, tragarlas, digerirlas y transfigurarlas en el contacto que ellas puedan tener con sus entrañas y su realidad.

En ese sentido, las acciones pauteadas en una *pedagogía como encantamiento* son las que fomentan ese ritual de transformación, pudiendo ser vistas en los trabajos que Marcia Pompeo Nogueira (2015) realizó en los proyectos de teatro *por la* comunidad en Florianópolis, en los proyectos que Marina Henriques Coutinho (2010) evidenció en Río de Janeiro, en las acciones que Juma Pariri (Lígia Marina de Almeida) (2018) desarrolló en una escuela indígena en Aquidauana, así como en la práctica de profesores y profesoras que en las salas de aula ven a los alumnos como productoras y compañeras de creación.

Pensar de esa manera, me hizo adoptar algunos rituales en la trayectoria que recorro en los procesos de enseñanza-aprendizaje en teatro. Comparto en este manuscrito, una pequeña parte de esas experiencias, clavadas en mi carne, no para que sean modelos, sino para evidenciar cómo los principios que las animan, les dan forma.

Destaco que, en el momento actual de la investigación, vengo investigando sobre formas de enriquecer su discusión teórica para inspirar prácticas que serán desarrolladas en mi local de trabajo actual, la carrera de Pedagogía en Teatro de la *Universidad Federal de Uberlandia* (UFU). Sin embargo, al haber ingresado recientemente en ese ambiente, estas propuestas aún están en fase de elaboración, de modo que opto por compartir dos ejemplos vividos a lo largo de los años en que fui profesor del curso de Pedagogía en Teatro de la Universidad del Estado de Santa Catarina (UDESC), en la ciudad de Florianópolis, SC.

En relación con la disciplina, una acción que hice común en mis primeros encuentros es la realización de una discusión sobre el plan de enseñanza. Una discusión que busca equiparar el volumen de las voces disonantes, reconociendo en el colectivo un poder de alteración. En ella presento al grupo lo que proyecté para nuestro semestre y cuestiono a los involucrados sobre sus opiniones respecto de la propuesta lanzadas: modelos de evaluación, lecturas sugeridas, prácticas planeadas... Ellos pueden proponer modificaciones en la estructura siempre y cuando defiendan la relación que el cambio establecerá con el tema de investigación de la disciplina. En seguida, las eventuales sugerencias son colocadas en pauta para llegar a un acuerdo colectivo sobre cómo proseguir.

Aunque parezca una acción trivial, esta actividad viene promoviendo experiencias que considero interesantes. En 2018, junto a un grupo de *Prácticas Supervisadas: Teatro en el Colegio,* esta propuesta reestructuró una parte considerable de nuestro semestre. Luego de la discusión, cada uno de nosotros – yo y las personas que estaban en el papel de alumnos – nos hicimos responsables por traer un texto que creyéramos que dialogara con nuestra disciplina y que merecía ser investigado por todo el grupo. En el encuentro siguiente, cada uno sustentó los motivos para estudiar las propuestas presentadas, enseguida armamos en conjunto una parte de las lecturas y acciones del semestre.

Ello implicó, desde el inicio, el contacto con modelos, epistemes, temas, autores y autoras que muchos de nosotros desconocíamos, así como también ejercitó una investigación personal para articulación de nuestro repertorio teórico con la práctica de enseñanza-aprendizaje de teatro en los colegios. De esta forma, entraron a la discusión temas transversales que discutían cuestiones de género, el hacer artístico de los pueblos amerindios y su invisibilización o folclorización, modos de creación y de lucha presentes en el Teatro Negro, el refuerzo de un supuesto "cuerpo patrón" (bípede, vidente y oyente, joven, blanco y delgado) que es repetido indirectamente en la formación en Artes Escénicas, entre otros.

Aunque este caso se haya restringido a elecciones literarias, considero esta acción importante, pues la discusión sobre lo que será leído y discutido fortalece visiones de mundo que, de manera intencional o no, pueden condicionar un pensamiento monológico que deslegitimice saberes que no encajan en lo que hasta entonces ha sido trazado como norma. Delante de eso, la invitación a una composición colectiva del plan de estudios anula este riesgo, así como aleja al proceso de enseñanza-aprendizaje de su carácter reactivo para uno propositivo, concibiendo a la persona que practica como una de las responsables de la construcción del propio saber. Esto reconfigura el tejido sensible del microcosmos de la sala de aula y, dependiendo de la propuestas e inquietudes de los involucrados, revela un conjunto de opresiones que traspasan este microcosmos, colocándolas en contraposición al ambiente pedagógico.

Por otro lado, con un grupo de la disciplina *Metodología de la Enseñanza del Teatro en la Comunidad* del mismo curso superior, sugerí que nuestras discusiones partieran de propuestas artísticas del *Teatro Ventoforte*[51]. En este caso cabe resaltar que el semestre lectivo ocurrió en 2020, y por ende, de forma mixta, parte presencial, parte remota, debido al necesario aislamiento social para contener la pandemia de Covid-19.

En un primer momento realizamos en sala de aula un conjunto de acciones con raíces en manifestaciones artísticas populares (rondas, adivinanzas...) y *juegos teatrales* (Spolin 2018), buscando investigar formas de articulación simbólica del discurso de estas acciones y conocer a las personas que componían el grupo con el cual compartiríamos el semestre. En esa etapa aún, dedicamos un encuentro para que los individuos dibujaran cómo observaban los caminos que recorrían para llegar a la universidad. Tal propuesta tenía como eje la materialización de la subjetividad en esos recorridos, de modo que no se detenía en la representación objetiva o cartográfica, sino en factores, imágenes, sensaciones que aquellos sujetos sentían/percibían en el trayecto y *transcreando* sus trazos en bocetos. Este

[51] Grupo de teatro fundado en la década de 70 en Río de Janeiro, teniendo como a uno de sus principales involucrados al multiartista Ilo Krugli. En los años 80, el grupo se fijó en San Pablo y desarrolló una serie de trabajos de teatro con comunidades. Para más información sobre la prática e historia del grupo sugiero consultar Nogueira (2008) y Nogueira (2015).

dibujo fue construido colectivamente en una hoja grande de papel *kraft* que cubría toda la sala y, al final de este encuentro, teníamos un mapa simbólico de la región metropolitana de Florianópolis.

Después de esto, las personas del grupo se dividieron en grupos definidos por los puntos cardinales de este mapa y con los materiales usados en él (la hoja de papel *kraft*, las cintas adhesivas, los elementos que habían sido colocados...) cada grupo construyó un muñeco. Estos muñecos se convirtieron en la personificación de los trayectos recorridos.

Luego en la fase remota de emergencia, solicité a los grupos que desarrollen la historia de estos personajes en tiempo presente, teniendo en cuenta los locales que materializaban y de dónde venían. La construcción de estas historias ocurrió a lo largo de los encuentros sincrónicos y asincrónicos e indirectamente evidenció, por medio de las metáforas poéticas de las narrativas, las opresiones que las propias personas involucradas vivían o temían experimentar.

Lo que resultó de eso fueron personajes que tangencialmente luchaban de formas diversas, entre las cuales destaco: Shuri, la caballita[52] pansexual que nació en un familia conservadora de caballos y que alterna las clases de la facultad con el trabajo de entregadora por aplicativos de *delivery* para sobrevivir; José Kenedy, el artista de circo preocupado en garantizar el sustento de la familia a través del arte; Gatocop, animal felino nacido de restos de violencia – como los "cartuchos de balas perdidas que encontraron en el morro" y restos de papel moneda – que replican en el mundo los males que lo constituyen.

Pedí en seguida que crearan una historia del futuro sobre cómo estos personajes estarían en unos años y qué hicieron a lo largo del tiempo. El intento era realizar un ejercicio que concibiera la opresión narrada, no como algo natural o determinado, sino posible de ser modificado. En el caso de las historias, considero pertinente observar cómo fue difícil realizar este ejercicio, el desencanto era tan grande que algunos no veían solución: Kenedy no encontró otro camino a no ser desistir del arte y Gatocop llegó a abandonar la vida de violencia por medio de la música, pero fue

52 Opté por usar el término "caballita" en lugar de "yegua", pues fue así que el grupo escogió llamarla.

asesinado. Sin embargo, Shuri fue la excepción. Ella se graduó en la universidad y se volvió una artista reconocida, volcando sus esfuerzos a la comunión arte-educación en el intento de auxiliar a otras "caballitas" a que encuentren su lugar en el mundo.

La composición de ese material ficcional actuó como la *cosa común* de la investigación de los componentes del lenguaje teatral y de la realidad social de los sujetos del grupo. A través de estos personajes, se articularon un conjunto de conocimientos como prácticas de teatro de animación, *juegos teatrales,* estructuras dramáticas, construcción de escenas y, concomitantemente, la necesaria elaboración de las historias implicó una *ad-miración* de lo que era narrado, en la búsqueda de otras formas de decir y hacer hacia las opresiones evidenciadas. Aunque en algunos casos las historias narradas no hayan tenido desenlaces positivos, el hecho de ser visibilizadas y cuestionadas como antinaturales derivó en una discusión sobre las revoluciones necesarias para alterarlas, moverlas, curarlas.

A partir de estos puntos y sumado a la lógica del *cruzo,* defiendo que incluso propuestas metodológicas inspiradas u oriundas del Norte epistemológico, también pueden disparar una transmutación de la realidad semejante al encanto que aquí defiendo. Lo que vale resaltar es que no hay como pensar en la mera aplicación de la propuesta, pero sí en su relación con el medio, con los temas investigados, con la inquietud de los sujetos y del acto cognoscente. Visto de esa forma, las metodologías utilizadas pueden ser las más diversas, desde que se reconozca que escogerlas no fue neutro y que su uso ayuda en el proceso de descubrimiento de aspectos de opresión que pasarían desapercibidos en una mirada desatenta.

De esta manera, la *pedagogía como encantamiento* tiene en sí a muchos compañeros de creación, muchas formas de ser vinculada a la práctica. Su cambio de realidad puede ser potencializada por las discusiones, por la escenificación de situaciones problema, por la reconstrucción simbólica de realidades, por la evidente existencia de los saberes de alumnos... Lo que creo ser más necesario en la dinámica que aquí presento es que su practicante tenga en mente el aspecto de la magia, una magia del cotidiano que cure la molestia colonial y la visión monológica que ella impone.

Bibliografía

Adichie, Chimamanda Ngozi. *The danger of a single story.* TED Talks, 2009. Disponível em: <https://www.ted.com/talks/chima manda_ngozi_adichie_the_danger_of_a_single_story> Acesso em: 21 de março de 2022.

Almeida, Lígia Marina de. "Desencaixar para descolonizar: aprender a aprender COM os povos originários da América Latina" en *Ras cunhos*, Uberlândia, v. 5, n. 3, p. 78-91, 2018.

Boal, Augusto. *A Estética do Oprimido.* Rio de Janeiro: Garamond, 2009.

---. *Teatro do Oprimido e outras poéticas políticas.* Rio de Janeiro: Civilização Brasileira, 1980.

Bezerra de Souza, Henrique. "O olhar da Medusa: coisificação e reconfi gurações políticas por meio do ensino da arte e prática cênica" en *Revista Moringa – Artes do espetáculo,* João Pessoa, UFPB, v. 8, n. 2, p. 69 – 80, 2017.

---. "Pedagogia como encantamento: o ato de ensinar e aprender como cura instauradora das revoluções necessárias." en *Revista Urdi mento,* Florianópolis, UDESC, v. 1, n. 40, p. 1 – 18, 2021.

Carneiro, Aparecida Sueli. *A construção do outro como não-ser como fundamento do ser.* 2005.339f. Tese. (Doutorado em Educação) – Universi dade de São Paulo, São Paulo, 2005.

Coutinho, Marina Henriques. *A favela como palco e personagem e o desafio da comunidade-sujeito.* 2010. Tese (Doutorado em Artes Cênicas) – Universidade Federal do Estado do Rio de Janeiro, Rio de Janeiro, 2010.

Cruz, Valter do Carmo. Geografia e pensamento descolonial: notas sobre um diálogo necessário para a renovação do pensamento crítico. In: Cruz, Valter do Carmo; Oliveira, Denílson Araújo de (Orgs). *Geografia e giro descolonial:* "experiências, ideias e horizontes de renovação do pensamento crítico". Rio de Janeiro: Letra Capital, 2017.

Fiori, Ernani. M. Aprender a dizer a sua palavra. In: FREIRE, Paulo. *Pe dagogia do Oprimido.* São Paulo: Paz e Terra, 2004.

Freire, Paulo. *Pedagogia da Autonomia:* "saberes necessários à prática educativa". São Paulo: Paz e Terra, 2020.

---. *Ação Cultural para liberdade e outros escritos.* São Paulo: Paz e Terra, 2018.

---. *Pedagogia do Oprimido.* São Paulo: Paz e Terra, 2004.

Freitas, Régia Mabel da S. Teatro Negro brasileiro: a higienização de anacrônicas manchas eurocêntricas através de insurreições cênicas. In: Oliveira, Érico José de Souza (Org). *Artes Cênicas e Decolonialidade:* "Conceitos, Fundamentos, Pedagogias e Práticas". São Paulo: E-Manuscrito, 2022.

Nogueira, Marcia Pompeo. *Ventoforte no teatro em comunidades.* Florianópolis: Letras Contemporâneas, 2015.

---. *Teatro com meninos e meninas de rua:* "nos caminhos do Ventoforte". São Paulo: Perspectiva, 2008.

Rancière, Jacques. *O mestre ignorante.* São Paulo: Autêntica, 2015.

Rufino, Luiz. *Pedagogia das encruzilhadas.* Rio de Janeiro: Mórula editorial, 2019.

Santos, Boaventura de Sousa. *Pela mão de Alice:* o social e o político na pós-modernidade. Porto: Afrontamento, 1999.

Simas, Luiz Antônio; RUFINO, Luiz. *Encantamento sobre política de vida.* Rio de Janeiro: Mórula, 2020.

Spolin, Viola. *Improvisação para o teatro.* São Paulo: Perspectiva, 2018.

Souza, Julianna de Rosa. *Reflexões sobre o teatro negro: uma análise a partir de textos teatrais contemporâneos de autoria negra.* 215f. Tese. (Doutorado em Teatro) – Centro de Artes, Universidade do Estado de Santa Catarina, Florianópolis, 2019.

Suassuna, Ariano. *Aula Espetáculo.* UnBTV, 1997. Disponível em: <https://youtu.be/klrD8B4dIlA?t=2020> Acesso em: 23 de março de 2022.

Distritos 2217: un proceso de Drama con adolescentes

Wellington Menegaz

Hablar sobre enseñanza de teatro en Brasil en colegios formales es un acto de resistencia. Resistir a la desvalorización de la educación, tanto básica como superior. Resistir a la desvalorización del profesor que constantemente es juzgado por la media y por la sociedad en general. Escribir sobre lo cotidiano en el salón de clases es revelar voces silenciadas que no están en los reflectores. Voces de profesores que enseñan y comparten el quehacer teatral, los cuales muchas veces son doblemente marginados, por ser educadores y artistas. En Brasil aún hay municipios que insisten en no reconocer al teatro y otras modalidades artísticas como campos de conocimiento en la disciplina Arte de la educación básica.

Es importante que artistas - docentes visibilicen sus trabajos fuera del colegio, a través del compartir de sus prácticas e investigaciones pedagógicas en congresos, encuentros, artículos, etc., con la intención de resonar poéticas y saberes presentes en el oficio de ser y permanecer docente. Considero la escritura una de las formas de democratizar conocimientos, visibilizar el existir, de compartir conquistas cotidianas que son creadas en el "suelo del colegio", a través del transitar de saberes entre la sala de aula y la sociedad, de la circulación de juegos, escenas, improvisaciones, procesos de Drama, que diariamente son desarrollados con niños, adolescentes y jóvenes en diversas escuelas de educación básica en todo Brasil.

Al observar las comunicaciones presentadas en los Encuentros Nacionales del Grupo de Trabajo Pedagogía de las Artes Escénicas de la Asociación Brasilera de Investigación y Post grado en Artes Escénicas (ABRACE) caigo en cuenta de que en los últimos años ocurrió un incremento de las investigaciones de prácticas relacionadas a la educación básica. Considero que esto se dio a través de la implementación de dos acciones: Maestría Profesional en Artes (Prof-Artes); y el Programa Institucional de Beca de Iniciación a la Docencia (PIBID). Ambas trajeron investigaciones que tienen como enfoque el "suelo del colegio" y sus resonancias a partir de trabajos realizados en salas de Arte. En este artículo presento un relato de experiencia, recortes de un trabajo realizado en una de esas acciones, en este caso, el PIBID.

La experiencia compartida fue un proceso de Drama con adolescentes, que tuvo como meta la vivencia de una práctica teatral y la investigación de temas relacionados a política y sociedad, escogidos por los propios adolescentes que participaron del proceso. Esta práctica fue realizada por el subproyecto Teatro PIBID[53] de la Universidad Federal de Uberlandia UFU, en el año 2017, con estudiantes del noveno año del nivel secundaria del Colegio Municipal Sergio de Oliveira Marques, situado en el barrio Pacaembú en el municipio de Uberlandia (MG) En esa institución había seis becarios de iniciación a la docencia, la profesora supervisora Neibe Leane da Silva y yo, como coordinador de subproyecto. Partiendo de la premisa de que es posible y necesario trabajar política, teatro y sociedad en procesos artísticos y pedagógicos con adolescentes, con el propósito de hacer de ellos agentes críticos y protagonistas de su historia y de la historia que los cerca, la pregunta que permeó este escrito fue: ¿Cómo desarrollar una práctica artística que destaque la mirada de los adolescentes hacia cuestiones políticas que los atraviesan?

Primeras inquietudes

En el año 2017 el subproyecto Teatro PIBID UFU desarrolló diversas acciones en el Colegio Municipal Sergio de Oliveira Marques, con

[53] Con inicio en el año 2011, el subproyecto Teatro UFU contó, a lo largo de su trayectoria, con la alianza de uno o dos colegios de educación básica por año. Mi trayectoria comienza a coincidir con el subproyecto en el año 2014, momento en que me torné coordinador del subproyecto Teatro PIBID, permaneciendo en esta función por cuatro años. En el año 2017 el subproyecto Teatro PIBID UFU contaba con dos colegios en alianza, dos profesores, supervisores y doce becarios de iniciación a la docencia.

la intención de llevar el quehacer teatral para adolescentes a través de juegos teatrales, juegos tradicionales e improvisaciones. Eran acciones[54] pensadas por todo el equipo, en los momentos de reunión semanal.

A partir de las experiencias que abarcaron el primer semestre, algunos de los becarios del subproyecto querían desarrollar prácticas teatrales que tuvieran conexión con cuestiones que surgían en el cotidiano de los adolescentes y temas relacionados a la política, que inquietaban a los jóvenes becarios del PIBID Teatro. Cabe resaltar que en el año anterior habíamos vivido una huelga en las Universidades Federales y el movimiento de Ocupación de los colegios estaduales en Minas Gerais por los "secundaristas" (estudiantes del nivel secundario de la educación básica regular) con pautas relacionadas a la mejora de la educación pública en Brasil. Estos movimientos y sus pautas en defensa de una educación de calidad resonaron en nuestros encuentros semanales a lo largo del año 2017. Sentíamos la necesidad de crear en nuestras acciones un campo lúdico de debate y quehacer teatral.

Paralelo a estas inquietudes había un deseo de mi parte ya compartido con los becarios hacía algún tiempo, de desarrollar un proceso de Drama con los estudiantes del noveno año del nivel secundaria. Es aquí que cabe destacar que me refiero al Drama como posibilidad de enseñanza, un método estructurado a partir de los estudios que Beatriz Ángela Vieira Cabral trajo a Brasil al final de la década del 90. De todas las diversas posibilidades de análisis, considero el Drama como "una investigación teatral de un pre texto, por medio de la creación de un contexto de ficción, definición de papeles (roles) para los estudiantes y profesor, así como actividades teatrales a ser exploradas e investigadas" (Paula 18).

Entonces decidimos unir nuestros deseos, es decir, elaborar y desarrollar un Drama que posibilitara explorar la mirada de los estudiantes hacia cuestiones que atravesaban la política y la sociedad actual. Es importante destacar los nombres de los becarios que hicieron parte de este proceso, ya que la elaboración y desarrollo del Drama *Distritos 2217* fue una

[54] Algunas fueron desarrolladas por la profesora supervisora y acompañadas por los becarios, y otras por los becarios, con la orientación y supervisión tanto de la profesora como mía.

acción colectiva del equipo del subproyecto Teatro que actuaba en el colegio. Ellos y ellas son: Allison Guerradr, Ana Vitória Nogueira, Brenda Andrade, Carla Luz, Rafael Roberto, Samuel Gonçalves y Thainá María. Al conocer los grupos fue posible pensar en un proceso que dialogara con el contexto social y político de los estudiantes, no obstante, con una escucha sensible para oír y respetar las inquietudes traídas por los adolescentes a través del teatro.

El primer paso fue definir el pre texto y el contexto de ficción. En relación al pre texto, cabe resaltar que este es el guion, historia o texto que dará el punto de partida para iniciar el proceso dramático y que funcionará como telón para orientar la selección e identificación de las actividades y situaciones exploradas" (CABRAL, 2006, p. 15) Optamos por la investigación de temas sociales y políticos como pre texto, que inquietaran a los adolescentes en ese año. No definimos cuáles serían esos temas, pues la intención era que ellos lo sugirieran a lo largo del proceso del Drama.

El siguiente paso fue definir el contexto de ficción, ya que buscábamos que los adolescentes pudieran emitir sus posicionamientos respecto a cuestiones sociales y políticas, sin el recelo de la crítica de otros colegas o incluso de los coordinadores de la acción. Para eso era fundamental que delimitáramos un contexto ficcional distante de nuestra realidad para que, a través de ese distanciamiento, los estudiantes se sintieran cómodos para expresarse. Sobre el contexto de ficción en el Drama comparto la reflexión de Simões (2013 67):

> El contexto ficcional permite la exploración de temas y asuntos relativos a otro lugar diferente de nuestro cotidiano. La delimitación del contexto propicia que los participantes sean transportados metafóricamente para ese otro lugar donde las investigaciones ocurren. El tema a ser explorado es desdoblado a lo largo del proceso en situaciones y circunstancias dramáticas que componen los episodios, llevando a la construcción de una narrativa teatral.

Después de diversas ideas, delimitamos que la ficción sucedería en un futuro distante, en el año 2217. Nos inspiramos en algunas películas y series traídas por los becarios, que pasaban en el futuro, como la serie brasilera *3%* y la secuencia de los largometrajes de *Los juegos del hambre* y *Divergente.* En los procesos de Drama que desarrollo con adolescentes, busco dialogar con el contexto cultural y/o artístico de los propios adolescentes. A través de elementos presentes en el internet - redes sociales, series, películas, juegos online, etc.- que sirven como inspiración para las actividades, papeles o como pre texto. El propósito de esta acción es, a través de una cibercultura virtual, presente en el cotidiano de los estudiantes, lograr encontrar caminos para la inmersión y participación de los adolescentes en los procesos de Drama.

En el contexto de ficción que escogimos, la Tierra había sido devastada. El motivo de esa devastación comenzó alrededor de 200 años atrás, es decir, en el 2017. Apenas algunas personas sobrevivieron, los residentes de los Distritos, los cuales tenían como misión construir una nueva sociedad, pero para eso necesitarían revisitar el pasado, para que los errores de sus ancestros, que llevaron a la destrucción de casi toda la población de la tierra, no fueran cometidos nunca más. Para ayudar a esos residentes, principalmente en el rescate de la memoria del pasado, aparecerían los viajeros del tiempo, que conocían momentos decisivos en la historia del país. Eran consejeros, que ayudarían a los residentes en la construcción de una nueva sociedad, más justa que las anteriores. Pero ¿qué sería una sociedad más justa? Teníamos como meta que los participantes trajeran sus puntos de vista para tal pregunta, sin cerrarnos en una definición, pues lo que puede ser considerado como justo para algunos no es necesariamente justo para otros.

Otro elemento de la ficción que creamos fue la figura de Capitú, una mujer que vivió en la década del 30 del siglo 20 y luchó contra las desigualdades sociales, como no encontró "eco" para que eso sucediera en su tiempo, creó una sociedad secreta de viajeros del tiempo, que tenía la misión de ayudar a personas en el futuro en momentos críticos de la humanidad. Con eso algunos de sus seguidores viajaron rumbo al año en que la tierra ya había sido devastada, pues ese era el momento que consideraban ideal, para que los errores del pasado que llevaron a esa devastación fueran reparados. En el proceso, esa ficción sería explorada durante algunos encuentros, que en el Drama denominamos episodios. Según Cabral:

> La identificación y delimitación de un *contexto de ficción* determinan un enfoque común de atención para la creación en grupo, la cual se desarrolla en la forma de un proceso de investigación escénica, una secuencia de episodios que ocurren en clases distintas a lo largo del semestre, permitiendo que la "voz del alumno" sea oída y aspectos significativos que hayan aflorado sean el punto de partida del siguiente episodio. Un episodio entonces es una situación o fragmento de la creación colectiva en proceso, el cual es destacado para una investigación escénica más detallada (Cabral 2014 105-106. Partes resaltadas de la autora).

Para el desarrollo de esta investigación escénica era necesario que definamos otros aspectos relacionados al Drama: los papeles y actividades que harían parte del primer episodio. Comenzamos a pensar sobre cuáles serían los papeles asumidos, tanto por los becarios como por los estudiantes del noveno año. De acuerdo con Bowell y Heap (12): "La actividad fundamental del drama está en asumir un papel, imaginando que uno está andando en la piel de otra persona y explorando una situación a través de los ojos de esa persona"[55]. En el Drama los estudiantes y profesor (es) asumen papeles que se relacionan directamente con el contexto de ficción y el pre texto investigado. Cabe resaltar que usamos la nomenclatura profesor-personaje (*teacher-in-role*) para los momentos en que el profesor asume uno o más papeles durante el proceso de Drama.

En la elaboración de la ficción, ya habíamos pensado que los estudiantes del noveno año serían los residentes de los Distritos, siendo que

[55] Traducción de mi autoría. Texto original: "The fundamental activity in drama is taking on a role - imagining that you are walking in the shoes of someone else and exploring a situation through that person's eyes" (Bowell; Heap 12).

cada grupo sería un Distrito. Sin embargo, algunos detalles necesitaban ser delineados, como por ejemplo la función de ellos en esa sociedad. Entonces definimos que en el primer y segundo episodio los adolescentes serían los gobernantes, es decir, las personas que tenían el "poder" de tomar algunas decisiones. Teníamos el deseo de que en otras clases/episodios asumieran los papeles de la población que recibiría las decisiones tomadas por los gobernantes. Es importante destacar que, en el Drama, las actividades son creadas después del término del episodio anterior, ya que dependerá de la respuesta obtenida en ese encuentro para el planeamiento del episodio siguiente. Solo después del segundo encuentro es que decidimos que el cambio en los papeles de los estudiantes sucedería.

Definimos que los papeles de los becarios serían de viajeros del tiempo. Creamos dos grupos, el primero era de los consejeros, que tenían como función auxiliar a los residentes de los Distritos en la construcción de los parámetros que irían a regir esa nueva sociedad. Los nombres[56] de los consejeros eran códigos formados por letras y números, una alusión a películas de ciencia ficción: Madame E 26, Dr. L 22, T 22[57] . El otro grupo, el de los mensajeros del tiempo, entrarían en momentos específicos del proceso, con el propósito de añadir alguna información o para auxiliar a los consejeros siempre que fuera necesario, y tenían los siguientes nombres: A 2, Pi y A 7[58]. También estaba el papel de Capitú, antes de que el proceso se inicie, no habíamos decidido si ella aparecería en algún momento o sí sería apenas mencionada, sin embargo, después de la realización del segundo episodio, decidimos que ella enviaría un mensaje de video. Queríamos que ese video fuera un elemento sorpresa, que causara impacto en el momento de la exhibición. Para contribuir con esa intención, invitamos a una becaria[59] que los estudiantes de noveno año no conocían, pues hacía parte del equipo de otro colegio.

---

[56] Cada becario escogió el nombre de su papel.

[57] Los becarios que vivenciaron esos papeles fueron: Carla Luz, Alisson Guerradr y Rafael Roberto, respectivamente.

[58] Los becarios que vivenciaron esos personajes fueron: Brends Andrade, Samuel Gonçalves y Thainá Maria, respectivamente.

[59] Ana Victoria Nogueira.

Antes de que el proceso comience, elaboramos apenas el primer episodio que tendría duración de 50 minutos, el tiempo de una clase de arte. Las actividades fueron pensadas con la intención de proporcionar espacios de creación para los estudiantes, en las que sus posicionamientos fueran oídos y asimilados. Después del término del primer encuentro nos reunimos y a partir de la respuesta de los adolescentes elaboramos el episodio siguiente y así sucesivamente.

Además de las actividades que serían desarrolladas, nos preocupamos con la elección de los materiales, vestuario y maquillaje. El objetivo era que el arte visual presente en las actividades pudiera contribuir para la inmersión de los participantes en el proceso. Para esto, era necesario que la elección dialogara con la ficción explorada, que establecía un flujo entre el pasado y el futuro. Destaco el cuidado en la elaboración de los pergaminos y de la presencia de una máquina de escribir antigua, para dar la idea de materiales encontrados en una cápsula del tiempo y el contraste que esos materiales establecían con el vestuario y el maquillaje de los becarios en los dos primeros encuentros, que remitían a personajes que podrían habitar un futuro distante.

En el proceso de *Distritos 22*17, fueron desarrollados tres episodios, siendo que cada uno sucedió en una sala: primer episodio: *La llegada* y *Una nueva sociedad*; segundo: *Identidad del Distrito*; tercero y último: *¿Una sociedad justa?* Ese proceso fue realizado con los tres grupos del noveno año del colegio, sin embargo, en este artículo compartiré el relato de la investigación de apenas uno de ellos.

La llegada

Para establecer el "contrato" con la ficción, una semana antes del inicio del proceso, anunciamos que en la próxima clase comenzaríamos una actividad teatral en la cual todos serían personajes, optamos por no utilizar la palabra papeles. Compartimos un resumen del contexto de ficción que habíamos creado y revelamos a "quiénes" los estudiantes y los becarios desarrollarían. Con esto, las reglas iniciales del juego estaban claras y los adolescentes fueron a sus casas conscientes de que en la semana siguiente el proceso iniciaría.

El primer episodio comenzó con la entrada en el salón de cuatro becarios profesores – personajes. Uno de los profesores - personajes, el Mensajero Pi, lee el pergamino que tiene como función introducir el contexto de ficción. Contenido del pergamino:

> Buen día sobrevivientes.
>
> Como ustedes saben, el mundo entró en colapso. Ahora necesitamos de ustedes para construir una nueva sociedad.
>
> Estamos en el 2217 y todo lo que conocíamos y en lo que creíamos se extinguió.
>
> Para ayudarlos, encontramos un baúl que perteneció a Capitú. Dentro de él existen consejos de cómo poder instaurar una nueva sociedad
>
> Capitú fue una gran mujer de la década del 30. En 1930 ella previó que toda la estructura social estaría en ruinas, en un futuro no tan distante.
>
> Ignorada por todos al intentar alertar sobre lo que estaría por venir, Capitú construyó una cápsula del tiempo, para entrar en contacto con los consejeros.
>
> ¡Confíen en ellos!
>
> Fueron instruidos especialmente para auxiliarlos en esta nueva era.
>
> ¡Buena suerte!

En ese momento inicial la sala estaba con sus carpetas dispuestas en filas. Incorporamos esa disposición espacial para la introducción del Drama. Los residentes que hasta entonces eran espectadores de esta narración, sentados en las sillas, escucharon el mensaje, sin embargo, los viajeros del tiempo sabían que esa realidad necesitaba ser cambiada, al final, el mundo había pasado por una devastación, que diezmó a casi toda la humanidad, y los que sobrevivieron tenían por misión construir una nueva sociedad a partir de la revisión de las decisiones de sus antecesores en el mundo

Los estudiantes observaron atentos a la narración. Como ya estábamos hace algún tiempo en la escuela y realizamos otras actividades teatrales, era esperado que algo práctico iría a suceder, de acuerdo a lo que algunos adolescentes relataron posteriormente. Mientras tanto, un breve silencio permeó el espacio después de la narración. Los becarios miraron atentamente a los estudiantes, tenían como subtexto decidir a quién irían a escoger para sus equipos. Inmediatamente, ese silencio se rompió con lo que dijo Madame E 26, que saludó a todos e invitó a algunos residentes del Distrito a seguirla, llevando consigo una hoja y un lapicero. En ese instante los estudiantes comenzaron a liberar sus cuerpos de aquellas sillas y carpetas, en dirección a otro espacio del colegio. Sin saber lo que iría a ocurrir, "embarcaron" en la propuesta, en la ficción que comenzó a ser tejida. Siguieron a la profesora - personaje, no hubo resistencia por parte de ningún adolescente, lo que nos llevó a creer en el involucramiento inicial con el proceso, mezclado con cierta curiosidad sobre lo que sucedería después.

En la secuencia el consejero T 22 invitó a los otros residentes a seguirlo. Por último, el Dr. L 22 observó a los que permanecieron en la sala. Las miradas estuvieron atentas en ese personaje, vestido con un overol plateado. Más de la mitad de los alumnos ya habían dejado el espacio. Enseguida, Dr. L 22 dijo "a los que se quedaron, acompáñenme". Entonces rápidamente, los adolescentes se levantaron de sus sillas y lo siguieron por el corredor del colegio. Con eso, los tres grupos fueron formados.

La inmersión de ese episodio debería durar el tiempo de una clase, 50 minutos. ¿Cómo tener una vivencia que contemple el salir de las sillas, dejar la sala de aula y al final volver para la sala? Las idas y venidas demandarían casi un tercio del tiempo. Pensando en eso decidimos que los recorridos, tanto de ida como de vuelta, entrarían en la exploración de la ficción.

Los equipos iniciaron su "navegación" por los corredores y rampas del colegio, cada una con un recorrido específico y un lugar de llegada distinto. La mayoría de los colegios municipales de Uberlandia tienen una arquitectura semejante, dos pisos separados por una rampa con dos pavimentos; en el centro hay un patio, desde este se puede tener una visión de todo el colegio, salones, sala de profesores, comedores, etcétera. Nuestro caminar llamó la atención de aquellos que, por algún motivo, estaban fuera de sus aulas. Era importante para nosotros esta acción, de tornar visible el teatro, de mostrar que estábamos ahí. Pienso que traer visibilidad a las acciones que el profesor de Arte desarrolla en su cotidiano, es una forma de delimitar la presencia del teatro en la educación básica, de garantizar su existencia.

Una nueva sociedad

En la continuación de ese primer episodio, el equipo que acompañó a la consejera Madame E 26 fue a la glorieta, lugar que generalmente utilizamos en las clases de teatro; el del consejero T 22, a un rincón del colegio que queda frente a un muro con grafitis, cerca de la cancha de deportes; y el del Dr. L 22 atrás de la cafetería, debajo de la sombra de un árbol. Con eso, ocupamos los diferentes espacios del colegio.

En sus locales, los consejeros comunicaron que Capitú dejó en su cápsula del tiempo otro pergamino y solicitaron que uno de los residentes del distrito leyera el mensaje, y así fue. Abajo el contenido del pergamino del equipo de Madame E 26:

> ¡Saludos sobrevivientes!
>
> Veo que finalmente evolucionaron lo suficiente para tener acceso a mi cápsula del tiempo
>
> Aquí encontrarán respuestas para que la civilización humana supere los últimos acontecimientos desastrosos. Úsenla con sabiduría.
>
> Quien les escribe es la gran Capitú, nací en el año 1930 y hacía parte de una organización secreta.
>
> En este momento ustedes tendrán que desarrollar los valores morales con la consejera Madame E 26

El contenido de los pergaminos de los tres equipos era semejante. El inicio igual, ya que era la presentación de Capitú, la diferencia entre ellos estaba en las líneas finales, que traían la misión de cada equipo. Los integrantes del grupo del consejero T 22 tenían como misión crear las reglas que regirían la economía del distrito; el equipo del Dr. L 22, las leyes, las cuales la población y los gobernantes tendrían que seguir; y como ya fue dicho, el equipo de Madame E 26, los valores morales. Los profesores - personajes resaltaron el hecho de que los residentes eran los gobernantes del distrito. ¿Cómo actuarían con el poder delegado a ellos por la mayoría de la población? ¿Crearían leyes que de hecho beneficiarían a todos y no apenas a un grupo específico?

Después de la lectura de los pergaminos, los profesores - personajes estimularon un debate sobre la misión de cada equipo, en el que se debía destacar el entendimiento de los participantes sobre leyes, economía o moral. Durante los debates, los becarios hicieron conexiones entre el pasado, que sería el año 2017 y el presente 2217. Con eso, los estudiantes pasaron a analizar la realidad en la que vivían como un distanciamiento temporal, como si el presente fuera un pasado que remitía a 200 años atrás.

Después del debate, los gobernantes escogerían los puntos que serían transformados en leyes y parámetros para el Distrito y los anotarían en una hoja. Uno de los acuerdos que hicimos en nuestras reuniones, que los becarios tuvieron presente durante esta actividad, era de no influenciar las decisiones de los participantes. Sin embargo, debían lanzar cuestionamientos que llevaran a los adolescentes a darse cuenta de diversos matices con relación a los puntos que escogían. Los becarios, en ese momento, transitaron entre el estar presentes lanzando cuestiones provocadoras y silenciando, para que la voz de los estudiantes prevaleciera.

Con los puntos seleccionados, fue solicitado a cada equipo que escogiera un portavoz. Hecho esto, se encaminaron al escenario que quedaba en el patio, allá encontraron a dos profesoras - personajes, las mensajeras del tiempo A 2 y A 7. En ese momento eran las responsables de validar lo escrito por los grupos, pues sabían todo lo que había sucedido en el pasado. Ese conocimiento posibilitaba analizar si los temas que los residentes habían levantado, podrían ayudarlos o no, a construir una nueva sociedad, más justa que la anterior.

Las mensajeras A2 y A7 leían en silencio las anotaciones. Inmediatamente después, sucedía el rito de la validación del escrito. Para eso, usaron una máquina de escribir que estaba en la cápsula del tiempo de Capitú. Colocaron el papel en la máquina y al final escribieron "de acuerdo" y con eso los grupos se dirigieron nuevamente a la sala de aula. Cabe resaltar que habíamos coordinado anteriormente que las dos profesoras - personajes siempre darían el "de acuerdo", sin embargo, como los estudiantes no sabían de ese acuerdo, esperaban ansiosos el veredicto de las mensajeras.

La intención en ese momento era que los estudiantes tuvieran contacto con un artefacto de comunicación de mensajes escritos que las personas utilizaban antes de la difusión de las computadoras y de los celulares. Muchos de esos estudiantes no habían visto una máquina de escribir, hubo un momento de apreciación, escuchar el papel siendo colocado en la máquina y el sonido de las teclas durante el acto de mecanografiar.

Al entrar en la sala de aula, los estudiantes volvieron a sentarse en sus lugares. Adelante, en el espacio que cotidianamente es destinado a los profesores, estaban los consejeros, tres residentes del distrito, siendo un representante por equipo. Se dio inicio a la lectura de las leyes y parámetros. Al término de este compartir, los personajes anunciaron que volverían la próxima semana. Entonces al sonar la campana, elemento que utilizamos como demarcador del final del primer episodio, los consejeros se despidieron de los residentes y salieron de la sala.

Identidad del distrito

Durante la semana siguiente, al término del primer encuentro, el equipo del subproyecto Teatro se reunió para planear el segundo episodio. Nuestro propósito era elaborar actividades que dialogaran con las ya realizadas y que posibilitaran que los alumnos fueran protagonistas del conocimiento que estaba siendo tejido. Como en el primer encuentro nos enfocamos en el debate y la creación de las leyes y parámetros de la nueva sociedad, en este buscamos actividades artísticas que materializaran los temas levantados anteriormente. A partir de eso, llegamos a la siguiente propuesta: elaboración de la identidad visual del distrito, a través de la creación del nombre, bandera, mapa, himno y coreografía.

El día del segundo episodio, al inicio de la clase, una de las becarias, fuera de papel, le recuerda al grupo que continuaríamos con el proceso de la semana pasada. Además de eso, compartió con los adolescentes el siguiente código: cuando los consejeros entraran al salón, comenzaríamos el proceso y los estudiantes volverían a vivenciar los papeles de gobernantes del distrito

Enseguida se hizo la entrada de los profesores – personajes. Para seguir el ritual de la semana anterior, comenzamos con las líneas de una de las mensajeras, en este caso, de la A 2, quien hizo la lectura de un nuevo pergamino escrito por Capitú que contenía la próxima misión de los residentes: crear la identidad del Distrito. A partir de ahí, los consejeros Madame E 26, Dr. L 22 y T 22, invitaron a sus equipos a seguirlos por el colegio para reunirse en un espacio diferente al escogido la semana anterior.

El equipo de Madame E 26 recibió dos misiones: crear el nombre del Distrito y la bandera. La del Dr. L 22, crear el mapa del Distrito en una hoja, luego los estudiantes elaborarían imágenes corporales que simbolizaban los locales creados por ellos. La del consejero T 22, elaborar el himno y después una coreografía. Así que el equipo de Madame E 26 creó el nombre del Distrito, una de las mensajeras, A 7, comunicó a los otros dos equipos ese nombre, ya que lo debían incorporar a sus creaciones. Los grupos utilizaron los minutos iniciales para discutir sobre lo que harían y a partir de entonces iniciaron las creaciones artísticas. Durante este proceso se revisaron las temáticas que surgieron en el debate del primer episodio, así como los tópicos compartidos por los grupos al final de la clase anterior, ya que la creación de la identidad visual del distrito necesitaba los puntos escogidos por los tres equipos.

En esta actividad buscamos dialogar con algunas modalidades artísticas, contribuyeron con el proceso teatral: artes visuales, a través del diseño de la bandera y del mapa; música, en la elaboración del himno; danza, en la coreografía del himno. Por tanto, cada participante, estudiantes y becarios, trajeron contribuciones en lo que más se identificaban. Sucedió, por ejemplo, que algunos equipos tenían adolescentes que sabían componer música y otros que sabían elaborar coreografías, y entonces compartieron sus saberes con los otros compañeros. Además de eso, ocurrió la apropiación de determinado estilo musical, el *rap*, con la intención de resignificar la idea de himno, que los participantes normalmente cantan con sus cuerpos alineados y parados. El himno en forma de rap resonó en la coreografía del equipo, que asumió al rap como creativa materia prima para los movimientos del baile.

Los equipos, después de concluir las actividades, se dirigieron nuevamente al escenario. Ahí encontraron a dos mensajeras A 2 y A 7 quienes preguntaron si cumplieron con la tarea. Con la respuesta afirmativa de los equipos, les comunicaron que la próxima semana compartirían sus creaciones. El episodio terminó con el retorno de todos a sus salones.

¿Una sociedad justa?

En este último episodio decidimos retomar las creaciones del encuentro anterior y alterar el punto de vista de la reflexión de los materiales elaborados, a través del cambio en los papeles de los estudiantes que pasarían a ser los residentes que recibirían las leyes y parámetros elaborados por los gobernantes. Además de eso, decidimos traer como estímulo para el debate final, un video con la imagen de Capitú, con la que sería lanzada la siguiente pregunta." ¿Ustedes consideran que la sociedad que construyeron es justa?".

El tercer y último episodio inició con las mensajeras del tiempo A 2 y A 7 comunicando que los equipos compartirían entre sí las creaciones realizadas en el encuentro anterior. Además de eso, contextualizaron algunos elementos de la ficción, en este caso, los nuevos papeles de los estudiantes y el viaje realizado por los consejeros en búsqueda de Capitú.

Enseguida Madame E 26, Dr. L 22 y T 22 entraron en el salón de clase. Usaban vestuarios inspirados en vestimentas del siglo XVI, en los que predominaban los colores blanco negro y azul, que se diferenciaban de los tonos brillantes de los episodios anteriores. Deseábamos traer nuevos elementos visuales que contribuyeran a la inmersión de los participantes. Los mensajeros establecieron el siguiente diálogo:

> T 22: Estamos un poco perdidos porque acabamos de llegar.
>
> Dr L 22: Aún estoy sintonizando dónde estoy.
>
> Madame E 26: Estábamos viajando en el tiempo buscando a Capitú, que también viaja en el tiempo, no sé si se acuerdan de esa historia. Volvimos a 1500 y no la encontramos, entonces fuimos a 1920.
>
> T 22: No la encontramos, pero ella nos envió un recado, oirán este recado el día de hoy.

Inmediatamente después, los mensajeros invitaron a los residentes del distrito para que los acompañen hasta la glorieta del colegio. Cuando llegaron al local de destino, solicitaron a los equipos que se reunieran para coordinar la forma en que presentarían los materiales elaborados en el encuentro anterior. Una vez que cumplieron esa tarea, un equipo de cada vez compartió su creación en la siguiente secuencia: desfile de la bandera; *rap* del himno y coreografía; presentación del mapa. Con relación a este último, cabe destacar que el equipo elaboró una estructura que logró integrar a todo el grupo. Un representante del equipo narró los nombres de los locales que existían en el distrito y simultáneamente los integrantes hicieron imágenes corporales que simbolizaban esos locales, ocupando diversos espacios de la glorieta, al mismo tiempo, el representante invitó a los participantes de los otros equipos a que compongan las imágenes corporales.

Después de compartir los trabajos, el consejero T 22 convocó a todos los residentes del distrito para que oigan el mensaje dejado por Capitú, en este caso, un video que fue exhibido en una *Tablet.* Para justificar el uso de un recurso tecnológico que no existía en el año 1930, elaboramos el siguiente argumento: Capitú viajaba en todos los tiempos y con eso tenía acceso a varios artefactos tecnológicos de comunicación, por ejemplo, la máquina de escribir y la *tablet.*

Nuestro propósito, al exhibir el video en la *tablet*, era crear una situación en la que el grupo debía encontrar estrategias para que todos lograran oír el mensaje, ya que el audio era bajo y la pantalla pequeña, lo que imposibilitaba su asimilación para todos al mismo tiempo. Los alumnos decidieron agruparse, unos más cerca y otros más lejos del aparato, enseguida, pidieron que el video fuera exhibido nuevamente y cambiaron de lugares, siendo que quienes estaban más lejos se aproximaran al pequeño artefacto audiovisual. A seguir, el mensaje de Capitú:

> Atención residentes del 2217
> si ustedes están viendo este video en este momento,
> es señal de que cumplieron las tareas que les fueron atribuidas
> y confiaron enteramente en sus consejeros.
> Quién les habla es Capitú,
> vengo por medio de esta a hacer una gran pregunta:
> ¿Ustedes consideran que la sociedad que construyeron es justa?
> Saludos coterráneos,
> Saludos desde 1930.

Después de oír el mensaje, los profesores - personajes invitaron a los residentes a hacer un círculo y dieron inicio al debate final. Fue un momento importante para el Drama, ya que buscábamos la mirada de los adolescentes para los asuntos escogidos por ellos a lo largo del proceso. El debate inició con la lectura, por parte de los consejeros, de las leyes y parámetros construidos por los gobernantes del Distrito en el primer episodio. Enseguida, los residentes decían si consideraban o no el tópico justo para la población, con argumentos que fundamentaran sus respuestas. Este análisis fue hecho a partir del punto de vista de sus nuevos papeles y problematizado por los consejeros a través de la siguiente pregunta: ¿Será que esas leyes y parámetros dialogan con los intereses y necesidades de la población?

Algunos tópicos fueron considerados por muchos como no siendo justos o relevantes para la población del distrito. Generalmente, en esos momentos, las opiniones de aquellos adolescentes, que anteriormente habían elaborado el tópico, transitaban entre argumentos favorables, manteniendo con eso su posicionamiento y argumentos contrarios, creados a partir de la perspectiva del papel asumido en este último episodio.

Faltaban dos minutos para el término del encuentro, en ese instante Madame E 26 cierra el debate y les dice a los residentes "ustedes tienen esta nueva sociedad en sus manos, nuestra misión termina aquí: Ahora es con ustedes". En ese instante los consejeros y mensajeras se despiden del grupo y el proceso termina con la campana del colegio anunciando el inicio de una nueva materia en el horario escolar.

Consideraciones finales

Procuré relatar en este texto los caminos que recorrimos en búsqueda de una práctica teatral que trabajara política y sociedad en el contexto de la educación básica regular. Para esto, el método de enseñanza del Drama fue fundamental, pues posibilitó que los adolescentes investigaran los temas escogidos como pre texto, a través del contexto de la ficción. La experiencia con el Drama posibilitó que, en el uso de sus papeles, los adolescentes expresaran sus puntos de vista durante los debates, sin temor a ser criticados por otros colegas, dado que estaban en el papel.

Los caminos recorridos en el Drama *Distritos 2217* fueron tejidos dentro de un proceso. Contaron con comentarios de los estudiantes y de las elecciones artísticas elaboradas por el equipo del subproyecto Teatro PIBID. Otros recorridos podrían ser trazados a partir del pre texto y contexto de ficción explorados, por ejemplo, actividades que posibiliten el diálogo entre los tres grupos del noveno año. En algún momento los tres distritos podrían haber establecido comunicación entre sí, a través de cartas, mensajes de video, etc. Otra forma sería hacer equipo con otras materias curriculares para profundizar el entendimiento en relación a las temáticas abordadas.

Finalmente, destaco la relevancia del Programa Institucional de Becas de Iniciación a la Docencia (PIBID). A través de este, fue posible un espacio de reflexión y práctica, ya que contábamos con una carga horaria semanal de 20 horas, además de becas para los estudiantes del Curso de Licenciatura en Teatro UFU, profesora, supervisora y coordinador. Espacio este que necesita ser mantenido, para que otros estudiantes de pregrado puedan desarrollar investigaciones pedagógicas orientadas y supervisadas por profesores de la educación básica y de la enseñanza superior, y conocer un poco más del oficio de crecer y permanecer como profesor de Arte en nuestro país.

Bibliografía

Bowell, Pamela; Heap, Brian S. *Planning Process Drama:* enriching teaching and learning. London e New York: Routledge. 2013.

Cabral, Beatriz. *Drama como método de ensino.* São Paulo: Hucitec: Edições Madacaru, 2006. (Pedagogia do Teatro)

---. Drama: mapeando percursos. *A[L]BERTO:* Revista da SP Escola de Teatro. Governo do Estado de São Paulo e Secretaria da Cultura. São Paulo, Gráfica Stampato, 6, p. 104-113, 2014.

Paula, Wellington Menegaz de. *Drama-processo e ciberespaço:* o ensino do te atro em campo expandido. Florianópolis, 2016. Tese (Doutorado) – Centro de Artes, Programa de Pós-graduação em Teatro, Uni versidade do Estado de Santa Catarina.

Simões, Itamar Wagner Schiavo. *Experiência e memória em processos de drama.* Florianópolis, 2013. Dissertação (Mestrado) – Centro de Artes, Programa de Pós-graduação em Teatro, Universidade do Estado de Santa Catarina.

III
Procesos artístico-pedagógicos

Escena contemporánea y performance text: performatividades expandidas

Dirce Helena Carvalho

La gran Revolución del siglo XX fue la caída de las metanarrativas, de la visión totalizadora, rozando, principalmente, en el terreno del arte y de la cultura, que se contaminaron. La no inspiración a las metanarrativas, explicadas por Lyotard (2013) como una de las características de lo post moderno o post industrial, altera el estatuto de los saberes, que no permanecen intactos.

Innúmeros estudios traen en su enfoque, investigaciones sobre las prácticas escénicas en la contemporaneidad. Incluso con la problemática de terminologías, las teorías sobre la escena contemporánea exigen esfuerzos de sus estudiosos para generar dispositivos que se encarguen de las hibridaciones entre el lenguaje artístico y, por consiguiente, del desborde y pluralidad de las artes escénicas

De esta manera, la escena contemporánea se expande, presentando un escenario engendrado por una diversidad de prácticas entrecruzadas con performances, happenings, intervenciones, espectáculos multimedia, danza teatro, teatro físico, instalaciones escénicas, considerando los procesos teatrales que se rehúsan a la formalización.

En estas experiencias se incluyen, principalmente, procesos escénicos que, muchas veces, en lugar de presentar el "espectáculo", se adhieren al compartir de ensayos y talleres, reconociendo, en el proceso, la importancia de la expresión teatral.

Tales alteraciones provocan una revolución en el campo de las artes escénicas, desestabilizando fronteras, permutando la experiencia teatral en sus modalidades, valorizando procesos de creación que priorizan los espacios no convencionales, la experiencia grupal, las nuevas dramaturgias, la relación del espectador con la obra, subvirtiendo los códigos de significaciones y, por consiguiente, expandiendo el campo de las percepciones.

Considerando la complejidad y los dispositivos para entender ese panorama, inferimos que tales cambios parecen tener por corolario, el rechazo del modelo dramático, instaurando nuevas arquitecturas escénicas, irrumpiendo en los hibridismos y contaminaciones de las prácticas artísticas contemporáneas.

De esta perspectiva, elegimos el *performance text.* por reafirmar el lenguaje de la escena y, por consiguiente, del trabajo actoral en sus relaciones con los demás signos teatrales que se incluyen la escena contemporánea. Presentaremos el concepto de *performance text* a partir de los estudios de Richard Schechner en su ensayo titulado *The Performer: Training Interculturally*, dentro de *Between Theatre and Anthropology*, publicado en 1985.

Para el autor, el *performance text* tiene relación con el teatro No y con el Kathakali hindú, destacando las redes de comportamientos y las diferencias de entrenamiento del *performance text* y de un texto escrito. (Schechner In Barba; Savarese). Entrelazándose con elementos de la escena (gestos, movimientos, espacio, música, vestuario), prevalece, por lo tanto, el conjunto de la obra resultante de todos los elementos no verbales asociados al texto. “El entrenamiento para la transmisión del *performance text* es fundamentalmente diferente del entrenamiento para la interpretación de textos dramáticos [...] El *performance text* es todo un proceso de comunicación multicanal que compone el acto del espectáculo” (291).

Sobre las cuestiones del *performance text*, Schechner enfatiza el lenguaje de la escena, al discurrir sobre las investigaciones realizadas en el teatro ambiental en los idos 1960, en lugar de la sumisión al texto, ya sea por la escenificación o por la performance del actor.

> No me interesaba - tampoco a los que pensaban como yo - conocer las intenciones del autor, o siquiera saber si existía un autor. Dislocamos el centro del teatro para la performance, para la acción efectivamente realizada, para el lenguaje de la escena, buscamos lo que yo, más tarde, llamaría “texto performático” (“performance text”) que podría perfectamente dispensar al texto dramático, sustituir a la obra (Schechner 33).

El *performance text* se asocia al acto espectacular proveniente de la performance del actor y el juego con los elementos escénicos que envuelven el espectáculo. Para el autor, las cuestiones relacionadas al *performance text*, además de escénicas, eran políticas, pues permitían que los artistas involucrados en el trabajo artístico tuvieran una participación reafirmada por las autoridades, devolviendo el control de la creación a los profesionales que en ella actuaban, refutando, por lo tanto, las funciones de profesionales del mercado tradicional, "el trabajo en el ensayo era mucho más colaborativo que el modelo capitalista, "contratado"" (Schechner 34).

Al reportarse el concepto de *performance text* presentado por Richard Schechner, Josette Féral (2015), evidencia que el autor distingue dos especies de teatro, a seguir: un teatro con base en el texto, inscrito en la tradición occidental, y "un teatro basado en el *performance text* (que aquí traduciremos como "texto performático), indisociable de la representación y que se destaca sobremanera en lo que dijo sobre la tradición oriental" (Féral 2015 247).

Del mismo modo, argumentando sobre el concepto de *performance text*, Barba; Savarese (2012), consideran que el texto escrito está directamente relacionado al espectáculo y el *performance text* se hace en el transcurso del proceso de creación, y que ambas formas ilustran el teatro tradicional (texto escrito) y el teatro contemporáneo (*performance text*). El texto escrito puede ser transmitido independientemente del espectáculo, sin embargo, el *performance text* solo es transmitido en el propio espectáculo, pues es una tarea casi imposible transmitirlo por la grafía ya que es portador de sentidos plurales y de la concatenación de signos teatrales.

Dentro de las multiplicidades de la textura o tejido, nos parece evidente que las dos formas de texto, pre texto (anterior a la puesta en escena) o *performance text* (indisociable de la representación), son dos matrices. o dos modos de proceder, considerando las variables. En estos dos extremos, es decir, en el teatro basado en el texto previo y en el teatro performático o *performance text*, existe una variedad abundante, que es evidenciada por Barba: de un lado, el teatro tradicional, y del otro, el "nuevo teatro."

> Vamos a retomar la importante distinción examinada, sobre todo por Richard Schechner, entre un teatro que se basa en la instalación de un texto escrito anteriormente y un texto que se basa en el *performance text* (texto del espectáculo) (...). mientras que el texto escrito puede ser conocido y transmitido antes e independiente del espectáculo, el *performance text* solo existe al final del proceso de trabajo y no puede ser transmitido. (Barba; Savarese 62).

Sobre la transcreación del *performance text,* Féral (2004), destaca las capas textuales, asegurando que su transcripción escrita, cuando existe, puede apenas ser tomada como una partitura, llevando en consideración todos los otros elementos de la representación" (Féral 2004 108, traducción de nuestra autoría). Su aspecto textual deriva tanto del texto como de la escena, además de todos los otros elementos del proceso de creación, abriendo el campo para innúmeras contaminaciones, ya sea en el teatro performático, en el teatro pos dramático o en las performatividades, y garantizando una abertura para (re) significaciones. Por lo tanto, lo que asegura el *performance text* es el juego con los diversos sistemas de significación.

La autora evidencia las escenificaciones de Grotowski, Barba y Wilson, afirmando que el texto no ocupa el lugar de destaque y que las dramaturgias se anclan sobre una red de sistemas visuales y sonoros inseparables, por lo tanto, de los otros sistemas de signos (Féral 2004). Se trata de un texto que, en principio, no tiene autonomía propia por estar directamente conectado a las múltiples redes de los diferentes signos teatrales.

Para la autora, el destaque al *performance text* o texto performático, se circunscribe a la noción de performatividad, es decir, que está en la base del trabajo del actor y es resultante de las relaciones entre la palabra y los demás elementos de la escena, prevaleciendo, por ende, un conjunto de obras resultante de todos los elementos no verbales asociados a las palabras (Féral 2015).

Con relación a los procesos escénicos, en que el texto no ocupa el lugar de destaque, pero sí el de las redes de sistemas visuales y sonoros o de la comunicación multicanal, Féral concluye que "Esas formas que los años 1960 y 1970 promovieron ampliamente, son hoy la regla de todo un teatro institucional o alternativo que se hizo muy común en diversos grados, según los países, y muy particularmente, Gran Bretaña" (Féral 2015 248). La autora cita formas diferentes de texto performático y/o *performance text*, es decir, espectáculos que encontraron sus performatividades a partir de un texto y en los diversos modos de representación, así como espectáculos que se apoyan en textos provenientes de los procesos de creación, es decir, en los momentos y en la representación de las diversas combinaciones de los elementos escénicos.

El texto performático no tiene el mismo estatuto, mostrando un abanico de modalidades que va desde el texto lineal preexistente, hasta los "textos fragmentados, colocando imágenes, micro presentaciones, diálogos, ritmos portadores de sentidos plurales en la representación, hay un vasto abanico de modalidades diversas en la integración, derivada del texto performático en la representación (Ibid 249).

Sobre la red de comunicaciones del *performance text*, evidenció que el texto performático es inseparable del evento escénico. El texto es un elemento más entre otros, y sería difícil prever su existencia autónoma, debido a su carácter abierto y sobre todo, en las relaciones de los actores con el texto original (cuando este existe) y "cuyo sentido fraccionado raramente constituye una totalidad en sí. (Féral 2004 109, traducción de nuestra autoría). El texto performativo es, por lo tanto, inseparable de la partitura del espectáculo.

Los entrecruzamientos del teatro con otros lenguajes y disciplinas tornaron el evento artístico transdisciplinar en sus contaminaciones con las artes visuales, con la performance, con las medias y otras áreas de conocimiento. Tales cambios instauraron nuevas escrituras escénicas provenientes de las multiplicidades de abordaje del evento artístico, tales como la legitimación de la no linealidad, la fragmentación, la discontinuidad, lo real y la ficción y, principalmente, el texto performático que tiene su base en las acciones del *performer*. (Cohen, 1998).

El *performance text* se caracteriza, principalmente, por posibilitar experimentos capaces de comunicar a una "galería de personas", instauradas en un alcance sonoro, refiriéndose no apenas a las sonoridades de la voz del actor, sino agregando las sonoridades del espacio del acontecimiento teatral y del receptor. "La gran escritura que se teje es la del texto espectacular o de la *performance text*, matriz de sonoridades, paisajes visuales e intensidades performatizada" (Ibid 6-7).

Corroborando lo evidenciando por los autores anteriormente citados, reafirmamos que las textualidades instauradas en el texto performático se caracterizan por una escritura escénica contaminada y, bajo tal aspecto, entendemos que el concepto de *performance text* subraya la efimeridad y expansión de la escena contemporánea, principalmente en lo que se dice respecto al texto escénico y a las performatividades del actor.

En ese sentido, se hace oportuno destacar que, inversamente a la dramaturgia clásica, intercedida principalmente por las metanarrativas y por el metatexto, en la contemporaneidad la dramaturgia pierde su carácter absoluto, de totalización, renunciando a formas prescriptivas y abriéndose a procesos de composición que destacan las autoralidades y alteridades (Pavis 2010 57).

Consecuentemente, las referencias al teatro enfatizarán el espectáculo como una creación no literaria, que pierde su estatuto como autoría individual hacia las escrituras colectivas, institucionalizadas por otras formas como consecuencia del entrecruzamiento de prácticas artísticas.

Delante de los nuevos paradigmas, llama la atención los nuevos comportamientos en los procesos de escritura, ya que la escritura escénica se abre hacia la participación de los integrantes del proceso de creación, alterando las especificidades en el trabajo del actor en prácticas de autoría compartida. Así pues, dilucidamos las cuestiones concernientes a la escritura teatral, en el sentido en que la denomina Pavis:

> La escritura (o arte) escénica es la forma de usar el aparato escénico para poner en escena, "en imagen y carne", los personajes, el lugar y la acción que ahí se desarrolla. Esa escritura, (en el sentido actual de estilo o manera personal

> de exprimirse) evidentemente no tiene nada de comparable con la escritura del texto: ella designa, por metáfora, la práctica de la escenificación, materiales y técnicas específicas para transformar un sentido al espectador (1999 131).

Por lo tanto, el fenómeno artístico en la contemporaneidad reconstruye el texto teatral, articulando la creación simultánea de todos los elementos constituidos en el transcurso del proceso de creación, denominado escritura escénica. Tales articulaciones están comúnmente circunscritas a procesos de creación colectiva o a procesos colaborativos en los que existe la presencia del dramaturgo/*dramatug* en el acompañamiento del proceso, agrupando y seleccionando el material de diversos autores. Es, por lo tanto, un proceso que implica la interferencia y creación de los participantes del grupo, congregando la multiplicidad de voces proveniente de los participantes del proceso de creación.

Al debatir las cuestiones relacionadas a la autoridad y alteridad concernientes al texto, Pavis afirma que, en las experimentaciones teatrales contemporáneas, el lugar del texto es regido por las indeterminaciones. El autor recurre al concepto de "destinerrancia"[60]de J. Guatarry y de "ready made"[61] de Marcel Duchamp, específicamente, a los lugares de indeterminación del texto (destinerrancia), en oposición a algo solidificado (*ready made*). De esta manera, enfatiza que el director, así como el dramaturgo y el espectador, están designados a los lugares de indeterminación, como consecuencia de la renuncia al autoritarismo sobre el texto y la representación (Pavis 2010 57).

> El director, así como antes de él, el autor y después de él, el espectador está sometido a una "destinerrancia" – su destino es errar de un lugar del texto a otro; los lugares de indeterminación ya no son fijados por la Historia, ya no se

[60] "Con la muerte, la indecibilidad, a lo que también denomino como destinerrancia, la posiblidad de un gesto de no llegar al destino, es la condición del movimiento del deseo, que de otra forma moriría antes de tempo". (Derrida 1999 apud Pavis 2010 57).

[61] *Ready made*, una de las radicalidades del artista Marcel Duchamp, que transformaba en arte objetos industrializados, cotidianos, denominados *objet trouvé* (objetos encontrados).

> encuentra. cualquier metatexto "*ready made*", "solidificado", congelado como una estatua de mármol o una película de celuloide. (Ibid 57).

El profesor e investigador Fernando Mencareli subraya que la dramaturgia contemporánea se caracteriza por su carácter procesual, en la composición de la materialidad escénica constituida por la pluralidad de signos. Para el autor, la dramaturgia en proceso es ejercida por las agrupaciones colectivas evidenciada por los procesos colaborativos, por los procesos creativos de grupos, por los núcleos de colectivos, etc. Es en ese contexto que se circunscriben las dramaturgias en proceso.

> La dramaturgia, entendida como el arte de componer y tejer la materialidad escénica, pasa a sugerir nuevas articulaciones conceptuales. La dramaturgia de la luz, la proponen los artistas del área. La dramaturgia de imagen, la ensayan los estudiosos de un teatro de imágenes y plástico. La percepción de las múltiples textualidades permite vislumbrar la polifonía discursiva constitutiva de la escena teatral (Mencarelli 17).

En ese sentido, las consideraciones del autor sobre la multiplicidad de textualidades recaen en el alcance de la polifonía discursiva y, consiguientemente, en la renuncia de la autoridad sobre el texto, atribuyendo la autoría a los participantes involucrados en la creación en relaciones de alteridades con la obra.

> Así, la práctica de la alteridad es reforzada por la autonomía de las funciones, integrando las distintas maneras de procedimientos teatrales, en una pluralidad de sentidos y formas, siendo que las composiciones colectivas autorizan nuevas dramaturgias, independiente de procesos que se instauran a partir de un texto dramático existente. [...] los

> colectivos movidos por el involucramiento en la construcción del trayecto de las proposiciones y de la selección del material creativo, terminan por alcanzar textos escénicos que instituyen una nueva dramaturgia (Ibid 17).

Del mismo modo, García resalta las tendencias dramatúrgicas contemporáneas a través de las contaminaciones, de los supuestos que amparan los principios del teatro tradicional.

> Se pasa a comprender la escena como una conjugación de elementos que, muchas veces reinventados en nuevas disposiciones, diferentes de aquellas donde estarían habitualmente colocadas: la dramaturgia se despega del canon dramático para rehacerse en modalidades no cristalizadas de escritura, favorecida por los procedimientos del *collage* y tendiendo a la intertextualidad, a la combinación de voces, a la penetración por elementos del universo real y a la fusión con otras escrituras anteriormente discriminadas, como la literatura (Garcia 2009 38).

Aun en esa perspectiva, guiado por lo procesual y lo colectivo, la intertextualidad y la multiplicidad de voces, Pavis (2010) se inclinó hacia las prácticas de *devised theatre* (el teatro inventado colectivamente)[62] en el *Soleil* de Ariane Mnouchkine, afirmando que tales prácticas se configuran en una experiencia postmoderna, puesto que la creación no se inicia a partir de un texto y agrega la participación y la colaboración de la compañía; por lo tanto, es diferente a los grupos colectivos de los años 1960, que elaboraban colectivamente, sin un profesional que supervisara el trabajo. En el *Soleil*, Ariane Mnouchkine supervisa, elabora y hace un montaje fíl-

[62] *Devised Theatre* - terminología anglosajona - evidencia las posibilidades metodológicas en los procesos de creación de espectáculos. Se inaugura en los años 1970, a partir de colectivos teatrales que efectuaron rupturas con el teatro tradicional, respondiendo a las urgencias de la escena contemporánea.

mico de los espectáculos, a partir de los materiales que van siendo presentados por los actores y demás profesionales de la compañía, derivando en dramaturgias venidas de esos procedimientos.

Las cuestiones concernientes a las escrituras escénicas independientes del texto previo, son resaltadas por Ileana Caballero, destacando que el rompimiento con las textualidades condujo al arte "a lo procesual, a lo mutable y ambiguo" y que tales experiencias iniciadas en la segunda mitad del siglo XX, sobre todo por las experimentaciones de John Cage[63], llegan a exigir nuevas terminologías para determinar el nuevo teatro (Caballero 2011 17).

Resaltamos aquí, el alcance de la materia textual en diferentes lecturas y apropiaciones de textos dramáticos, narrativos, documentales, biográficos y sobre todo, a los procesos de creación que no jerarquizan los materiales escénicos, donde todos son creadores y colaboradores, con amplia libertad para el teatro inventando colectivamente.

Para el director, *performer* y teórico Renato Cohen, el discurso teatral, integrador de todos los elementos de la escena teatral, de todas las significaciones producidas en el transcurso del proceso, se contrapone a un teatro asegurado en los géneros, en la interpretación psicológica, instaurando nuevas dramaturgias, nuevas textualidades ancladas en "la polifonía" en la hibridación, en la deformación: en las intertextualidades entre la palabra, las materialidades y las imágenes (Cohen 2001 106).

En este abordaje, reconocemos las intertextualidades y la diversidad de materialidades escénicas, asegurando las relaciones con la acción vocal.

63 '*The Future of Music* (El futuro de la música), manifiesto de John Cage en 1937, exponiendo sus ideas innovadoras sobre la música, iniciando un "llamado para el uso de material cotidiano en la performance, que, a pesar de ser distinto, recuerda el bruitismo de los futuristas" (Carlson 2010 108). Su evento emblemático 4'33" (1952) es considerado pionero de la *performance art,* con un lenguaje híbrido, de carácter procesual, efímero, con la participación do espectador.

La acción vocal en la contemporaneidad: algunos principios

Las concepciones acerca de la escena contemporánea repercuten directamente en el fenómeno vocal. La valorización del texto, que ganaba primacía sobre la expresividad vocal, se dislocó hacia las investigaciones que subrayan el trabajo actoral y, de esta forma, la voz pasa por transformaciones, por redefiniciones, siendo que las investigaciones sobre las prácticas vocales son rediseñadas para que se alineen a las exigencias de la contemporaneidad.

Investigaciones recientes presentan una diversidad de concepciones y procedimientos de la voz, concebida en su concreción física y puesta en perspectiva por la interdisciplinaridad en conexiones con el cuerpo, mente, imaginación, emoción y poeticidad.

La percepción en el involucramiento del cuerpo en la voz poética es uno de los principios matriciales en las investigaciones contemporáneas acerca de la voz. El lingüista y medievalista Paul Zumthor, en una investigación sobre las cuestiones relacionadas a la voz y a la palabra, afirma situarse en un cruce interdisciplinar" (Zumthor 2007 9).

El autor afirma que las ciencias que tratan la voz, objetivaron las cuestiones concernientes a la palabra oral y, al referirse al desempeño vocal en su obra *Performance, recepção, leitura*, da testimonio de las conexiones entre cuerpo, voz y espacio y subraya que el cuerpo es el origen de la voz y es, al mismo tiempo, el referente perceptible de la voz y, por lo tanto, se coloca en el orden de lo sensible (Zumthor 2007).

En ese sentido, la vocalidad poética está en conexión directa con el cuerpo, la acción física, más precisamente, la acción físico-sonora. En lo referente a las prácticas discursivas, Zumthor destaca los efectos de la presencia activada en el cuerpo "de un sujeto en su plenitud psicofisiológica particular, en su manera propia de existir en el espacio y en el tiempo y que oye, respira, se abre a los perfumes, al tacto de las cosas" (2007 35).

Al reafirmar las relaciones entre cuerpo y texto poético o incluso sobre la vocalidad poética, Zumthor enfatiza la materialización de un mensaje por intermedio de la voz humana, integrándolo en la totalización de los movimientos corporales: "Que un texto sea reconocido por poético (literario) o no, depende del sentimiento que nuestro cuerpo tiene. Y. 35

Los procedimientos investigativos en el estudio de las diferentes vocalidades apuntan hacia las intersecciones entre cuerpo y producción sonora, voz cantada y voz dramatizada, así como procedimientos que dialogan con música, teatro y artes visuales en sus conexiones con las teatralidades y performatividades, determinantes en la perspectiva de la escena contemporánea.

La profesora e investigadora Sara López, al mencionar la vocalidad, afirma que su concreción se da en la relación intérprete/espectador, y por poética, entiende el gesto vocal más allá de su forma utilitaria. Reafirma la materialidad de la voz y dice que es a través de ella que los "signos se tornan cosas" (López 271). Al referirse al ejercicio de la vocalidad poética, enfatiza el contacto corporal entre los sujetos, tanto el que transmite la voz como el que la recibe.

> Es por la vocalidad poética que los signos se tornan cosas. Porque las palabras no son las cosas, son representaciones convencionadas, abstracciones. La cosa de la palabra hablada son las formas de los sonidos. En el ejercicio de la vocalidad poética, el revestimiento constituido por un texto se rompe y, por las aberturas, otro discurso es propuesto [...] Lo que permanece, como fuerza referencial, pone en destaque el contacto entre los sujetos corporalmente presentes (López 271-272).

En ese sentido, las investigaciones en el campo de la voz no pueden ser tratadas como fórmulas, o manuales sobre "qué" enseñar y "cómo" enseñar voz, por el contrario, deben articular los aspectos técnicos y poéticos del trabajo vocal a las exigencias de las modalidades escénicas en la contemporaneidad y principalmente, considerar la autonomía del *performer* en la investigación y composición del texto performático.

Desacralización de la palabra poéticas de perturbación[64]

> La lengua es mediatizada, llevada por la voz, pero la voz sobrepasa la lengua, es más amplia que ella más rica.
>
> (Zumthor 2005 63)

La consideración del texto como materia sonora, es decir, el énfasis en las posibilidades de sonorización de la palabra adquiere, en la contemporaneidad, uno de los principios fundamentales de la performance vocal. Realizar experiencias con la palabra en su dimensión sonora es reconocerla en un campo transdisciplinar, considerándola como fenómeno físico, sobrepasando el sentido semántico y abriéndola a las nuevas exigencias de la escena contemporánea.

Para Zumthor, las relaciones entre voz y lenguaje afirman que el lenguaje escrito es una "segunda lengua", dado que es mediatizada por la voz: "La escritura se constituye como una segunda lengua, los signos gráficos remiten, más o menos, indirectamente, a palabras vivas [...] De este modo, la voz utilizando el lenguaje para decir alguna cosa, se dice a sí misma, se coloca como presencia (2005 63).

Al enfatizar que muchas veces el propio lenguaje se disuelve en la voz, y al referirse a la voz poética, tanto en el canto como en la poesía, el autor subraya la reducción de la potencialidad de la voz en su uso ordinario, por consiguiente, de la voz poética que enciende los recursos de la voz, aunque haga diluir su sentido.

Desde esta perspectiva, pensar la voz como acción sonora es colocarla en un campo de estudio más allá del lenguaje/oralidad. El alcance del sonido, en el ámbito de la escenificación contemporánea, es de extremo alcance, no apenas para las cuestiones que se refieren a las sonoridades del autor sino, principalmente, a las sonoridades conducidas por las estructuras tecnológicas.

[64]*Poéticas de perturbación*, terminología presentada por Hans Thies Lehmann en su obra "Teatro Pós-dramático".

Las relaciones de perturbación entre texto y escena en la contemporaneidad son denominadas por Lehmann como "poéticas de perturbaciones", garantizando la prevalencia de la autonomía de las voces.

Del mismo modo, el autor llama la atención sobre las expansiones de las sonoridades del "hablante teatral" y, sobre todo, en el énfasis de la desacralización de la palabra a través de la presentación de sonoridades hechas presencia en el espacio (gritos, gemidos, gruñidos, ruidos, distorsiones en el uso de las medias, sobreposición, repetición) y por la ininteligibilidad en las posibles exploraciones de la *physis* vocal, subrayando la materia textual como un lugar de experimentaciones, opuesto al teatro literario (que busca, por encima de todo, la comprensibilidad del texto, de la palabra a ser dicha). Al contrario del teatro dramático, "que hace perdurar el sentido", (Lehmann 248) los intentos de dejar la escritura y la lectura libre en el teatro, desde luego, son resultado de la búsqueda de exposición autónoma de las voces, sin embargo, también operan en el sentido de esa poética teatral de la perturbación, haciendo valer una "disposición de sonidos, palabras, resonancias, conducidas por la composición escénica y por una dramaturgia visual que poco se pautan por el sentido" (Lehmann 248-249).

Esa poética de la perturbación, a la cual se refiere el autor, se reporta directamente a la autonomía de la voz, privilegiando la composición escénica desagregada de conexiones semánticas. Esa disolución semántica, consecuencia del desgaste del propio lenguaje es contrapuesta a lo que el autor denomina como "estética abstracta", valorizada por la materialidad de la palabra (Lehmann).

En ese sentido, el apelo al resurgimiento de la vocalidad en la contemporaneidad enfatiza el empeño del cuerpo en la irreductibilidad entre cuerpo y voz. La vocalidad poética, es decir, la manifestación de la acción vocal o su presentificación delante del otro está fundamentalmente conectada a los estados perceptivos

Para Grotowski, la amplitud de la voz del actor se utiliza en todas las formas de emisión vocal:

> El cuerpo del actor se multiplica en una especie de ser híbrido representando su papel polifónicamente. Las diferentes partes de su cuerpo dan curso libre a los diferentes reflejos, que son muchas veces contradictorios, mientras la lengua niega no apenas la voz, sino también los gestos y la mímica. (Grotowski 59)

Como en una Torre de Babel, los sonidos se contaminan, se mezclan, componiendo una extensa partitura vocal (gritos, ruidos, canciones, dialectos, sonidos inarticulados etc.), devolviendo "a la memoria todas las especies de lenguaje". (Ibid 60).

Para el director, *performer* y teórico Renato cohen, la lengua fragmentada se opone a los intentos unificadores del cientificismo y, en la contemporaneidad, con las nuevas tecnologías evidenciadas por la "imagen efímera, fragmentada, sin memoria [...] lo que nos sobra son los trozos, las piezas del rompecabezas" (Cohen 1989 88).

La conexión del lenguaje del teatro posdramático con las demás dramaturgias, sobre todo la dramaturgia visual, resulta en un "paisaje sonoro" y, en ese sentido, tanto la dramaturgia visual como el paisaje sonoro deben abrir posibilidades de asociaciones en las formas de percepción (Lehmann 255).

En ese aspecto, entendemos que la materia textual está más allá de su significado literario, resaltada muchas veces por la propia inteligibilidad, principalmente en la diseminación y desacralización de la palabra. Entonces, se diluyen fronteras del lenguaje como materia preestablecida del lenguaje expresivo

Siendo así, podemos inferir que las transformaciones y ajustes en la vocalidad del actor en sus relaciones con los aspectos de la escena contemporánea, nos ayudan en la comprensión del lenguaje sonoro, tanto en lo que se refiere a las performatividades y a las teatralidades del actor *perfourmer,* como a sus relaciones con el texto performático o *performance text.*

Delante de tales reflexiones, podemos inferir que el texto, la palabra y el texto performático o *performance text,* se instauran en un campo expandido o en teatralidades expandidas, en el sentido en que las define Sánchez (2010), ya que no se tratan de géneros y categorías.

En este marco expandido, las performatividades podrán alcanzar redisposiciones, considerando experimentaciones que valorizan las relaciones intertextuales en las dimensiones espaciales, políticas y visuales del imaginario, resultando en el texto performático del actor.

Así, teniendo al *performance text* bajo innúmeros aspectos y perspectivas, se torna fundamental para la conducción e investigación de prácticas escénicas en la contemporaneidad.

Bibliografia

Bakhtin, Mikhail. *Problemas da Poética de Dostoievski.* Rio de Janeiro: Forense Universitária, 1987.

Barba, Eugenio; Savarese, Nicola. *A arte secreta do ator:* um dicionário de antropologia teatral. São Paulo: É Realizações, 2012.

Caballero, Ileana Diéguez. *Cenários liminares:* teatralidades, performance e política. Uberlândia: EDUFU, 2011.

Cohen, Renato. *Performance como linguagem*: criação de um tempo-espaço de experimentação. São Paulo: Perspectiva, 1989.

---. A Cena Transversa: confluências entre o teatro e a performance. *Revista USP.* São Paulo, p. 80-84, jul. 1992.

---. *Work in progress na cena contemporânea*: criação, encenação e recepção. São Paulo: Perspectiva, 1998.

---. Cartografia da cena contemporânea: matrizes teóricas e interculturalidade. *Sala Preta* (ECA/USP), v.1, São Paulo, p.105-112, 2001.

Derrida, Jacques. *Sur parole. Instantanés philosophiques.* Paris: L'aube, 1999.

Féral, Josette. *Teatro, teoría y práctica*: más allá de las fronteras. Buenos Aires: Galerma, 2004.

---. *Além dos limites: teoria e prática do teatro.* São Paulo: Perspectiva, 2015.

Garcia, Silvana. Dramaturgia nos processos coletivos de criação – uma introdução. *Folhetim*: Teatro do pequeno gesto. Rio de Janeiro, pp.37-49, 2009.

Grotowski, Jerzy. *Em busca de um teatro pobre.* Rio de Janeiro: Civilização Brasileira, 1987.

Lehmann, Hans-Thies. *Teatro pós-dramático.* São Paulo: Cosac Naify, 2007.

Lopes, Sara. Sobre a voz em sua função poética. In: Florentino; Adilson; Telles, Narciso. *Cartografias do ensino de teatro.* Uberlândia: EDUFU. p. 271-282, 2009.

Lyotard, Jean-François. *A condição pós-moderna.* Rio de Janeiro: J. Olympio, 2013.

Mencarelli, Fernando Antônio. Dramaturgias em processo: a cena pelo avesso. In: *Cena invertida*: dramaturgia em processo. Belo Hori zonte: Edições CPTM, pp.12-25, 2010. Disponível em: <https://www.academia.edu/1860713/Dramaturgias_em_processo_a_cena_pelo_avesso>. Acesso em: 03 de novembro de 2021.

Pavis, Patrice. *Dicionário de teatro*. São Paulo: Perspectiva, 1999.

---. *A encenação contemporânea*: origens, tendências, perspectivas. São Paulo: Perspectiva, 2010.

Sánchez, José A. Dramaturgia em el campo expandido. In: Bellisco, Manuel; Fuentes, María José (Edi.). *Repensar la dramaturgia*: errancia y transformación. Parraga: CEDEAC, pp.19-58, 2010

Sarrazac, Jean-Pierre. A irrupção do romance no teatro. *Folhetim*, Rio de Janeiro, nº28, pp. 7-15, 2009.

---. A invenção da teatralidade. *Sala Preta* (ECA/USP), v. 13, nº1, São Paulo, p.56-70, 2013a. Disponível em: <http://www.revistas.usp.br/salapreta/rt/printerFriendly/57531/68222>. Acesso em 10 de julho de 2022.

Schechner, Richard. In Barba, Eugenio; Savarese, Nicola. *A arte secreta do ator*: um dicionário de antropologia teatral. São Paulo: É Realiza ções, 2012.

Zumthor, Paul. *Escritura e nomadismo*. Cotia: Ateliê Editorial, 2005.

---. *Performance, recepção, leitura*. São Paulo: Cosac Naify, 2007.

Paisajes del caminar: experiencias corporales y participación en el mundo en caminatas[65]

Paulina Maria Caon

En este ensayo propongo algunos diálogos posibles entre el caminar y el proceso de formación educativa a través de mi acercamiento a experiencias corporales surgidas del caminar. Por un lado, acerco la escritura al acto mismo de caminar, visto como una experiencia corporal, y la escritura como una a la deriva, así como también una con recorrido trazado, que se constituye como narrativa mientras es perfilada. Por otro lado, a través de las narrativas, busco acercar al lector a mis recorridos (como docente y como artista performática que camina) y a la reflexión sobre algunas de estas esferas en la experiencia corporal de caminar, que trazan un modo peculiar de andar en el mundo en la actualidad.

Destaco tres esferas de las experiencias corporales surgidas del caminar que me parecen estructurales en nuestra experiencia como *seres en el mundo*[66], por tanto, pilares de los procesos de aprendizaje y constitución de la *persona, aquí,* comprendido en su sentido amplio de cuerpo social, cultural, histórico. Se trata, al caminar, de la modulación de nuestros estados de atención, de la constitución de una presencia en el presente, que se vuelca hacia el *propio cuerpo*, hacia los cuerpos con los que nos encontramos y hacia el espacio – la calle, el barrio, como rincón del mundo y a partir del cual le damos sentido a lo que vivimos. Prestar atención a esas tres esferas es algo que hacemos cotidianamente en salones cerrados en las

[65] Algunos elementos de ese texto fueron debatidos en el artículo publicado en la Revista Textura (2021), "Paisajes del Caminar – experiencias corporales y aprendizaje en caminatas con programas performáticos". Agradezco al Prof. José Sérgio Fonseca de Carvalho, supervisor de la investigación de posdoctorado con sede en la FE-USP entre febrero del 2020 y junio del 2021, por la interlocución para la construcción de la actual versión del texto.

[66] La noción de ser en el mundo, remite tanto a la fenomenología de Merleau-Ponty (2003), que toma en cuenta el entrelazamiento y la reversibilidad de la relación ser-mundo, en cuanto a la compresión de mundo como conjunto complejo de realizaciones humanas que sobrepasa el tiempo de vida y existencia de cada individuo, de acuerdo a la compresión de H. Arendt (2005).

facultades de teatro a través de proposiciones diversas. Sin embargo, aquí se trata del caminar *del otro lado* de los salones, fuera de las pantallas, de la virtualidad de las relaciones y paisajes remotos, no apenas distantes, sino absorbentes y reiterativos de la relación mano-ojo, tan presente en nuestra cultura.

El texto que sigue se organiza en tres movimientos, algunos elementos de mis recorridos previos - en caminatas o en textos - que me llevaron a la actual reflexión, componen el primer movimiento. Siguen dos narrativas nacidas de prácticas de caminata desde las cuales destaco elementos de las experiencias corporales como paisajes en constitución en el aquí –y –ahora en la experiencia de caminar. Posteriormente rectificada en la escritura. Finalmente, en el último movimiento, busco trazar un paisaje amplio, resaltando la relevancia de esas proposiciones del caminar más allá de la vivencia individual, sino como forma de concebir una educación, un modo de enraizamiento y una participación en un mundo constituido por múltiples relaciones entre cuerpos y ambientes.

Recorridos previos

> Suspiro de calor, de cantar caminando, de niño cuando termina de jugar, de ni saber que la palabra que se escribe es la palabra que salió del caminar y no del pensamiento premeditado- la frase se rehace mientras es escrita y soy obligada a releer para ver realmente lo que escribí-.
> Escritura juego...
> Amo el caminar,
> me encanto,
> amo caminando,
> Reencuentro intereses perdidos
> Encantamientos con lo simple, con la aspereza
> del piso, las risas y voces alrededor, las calles del *campus;*
> encuentro otros sentidos
> en estar en la universidad, me emociono, me veo diferente
> entre diferentes, soy muchas y yo misma.

> Escupo en el papel, dejo que las palabras se recuesten, que se den de mí para el mundo.
> Siento las aguas que se mueven en mí después del contacto sinuoso,
> o duro,
> o áspero,
> o gracioso
> con las superficies diversas del mundo.
> Reencuentro el mundo de los sentidos, los sentidos que el mundo me devuelve, los
> sentidos que se constituyen en el encuentro con los sentidos diversos de los otros
> cuerpos que yo acompaño y me acompañan caminando.
> (Paulina Maria Caon, escritura automática después de una caminata – junio del 2019)

Reflexionar sobre la centralidad del cuerpo o de las experiencias corporales en los procesos de creación y educación humana, ha sido mi campo de investigación desde el final de mi formación inicial como profesora de Teatro. Me interesa especialmente dar visibilidad a nuestra corporalidad - como condición corporal de existencia- en contextos escolares desde la educación básica hasta la formación universitaria, en las cuales, en muchos casos, las nociones de pensamiento abstracto, intelectualidad y producción del conocimiento quedan en primer plano como si fueran esferas suspendidas de la corporalidad o desincorporadas. Más que eso, en algunos momentos de la historia del pensamiento filosófico o de los análisis de la vida social, la experiencia corporal fue vista como un factor de confusión o ilusión, imposibilitando a una comprensión objetiva o racional de la realidad como en Platón o Descartes. Así, he buscado tomar la palabra y proferir palabras cuerpo, palabras movimiento, desplazamiento, comprendiendo el pensamiento como una práctica corporal e incorporada.

En los últimos siete años como colaboradora del Colectivo Teatro Dodecafónico, algunas prácticas del caminar y estudios en torno a su comprensión como práctica estética y política se tornaron el enfoque más estrecho de mis investigaciones artísticas, que pasaron a alterar modos de actuar y, quizá, de comprender mis prácticas docentes. Caminando con el Dodecafónico con estudiantes de educación básica, graduación y posgraduación, pude experimentar otros encuentros posibles, otras narrativas posibles, para esas prácticas artísticas y docentes.

Encontrando a aquellos que vinieron antes de mí

Sin duda, el interés por caminar no es un privilegio mío o del Colectivo Teatro Dodecafónico. Caminar, en ciertas maneras y en ciertas circunstancias, ha sido visto como un modo singular de existencia, como un modo de actuar y reflexionar sobre dimensiones éticas, estéticas, políticas de nuestra experiencia en el mundo

David Le Breton señala que es el caminar bípedo – con la liberación de las manos y rostro- el que desencadena una profunda transformación en la vida y en la creación de la cultura humana más cercana de la que conocemos hoy: millares de nuevos movimientos, creación de herramientas, nuevas formas de comunicación y desplazamiento por el espacio, haciendo posible no apenas el conocimiento del mundo, sino el compartir de las experiencias vividas. Le Breton cita a Leroi Gurham para decir que: "La especie humana comienza por los pies (…) aunque la mayoría de nuestros contemporáneos se olvide de eso y piense que el hombre desciende directamente del automóvil" (15-16).

En entrevista, al preguntarle sobre qué había de especial en el acto de caminar como forma de encontrar y descubrir el mundo, Francesco Careri dice:

> La caminata es el grado cero de la tecnología, es decir, necesita apenas del propio cuerpo. Andamos ni más ni menos de lo que nuestro cuerpo es capaz, los límites de ca-

> minar están todos dentro de nosotros y cargamos esos límites con nosotros. Nuestros pies, nuestras piernas y nuestro deseo de conocer son suficientes. Caminar es ecológico, no consume recursos de terceros, no explota a otros hombres como ocurre con el trabajo. Se puede salir de casa solo y dar la vuelta al mundo sin necesitar nada más. (22)

De modo semejante, Frédéric Gros reitera esa libertad de deshacerse de la vida cotidiana – encerrados en casas, salas, edificios y esquematizados por conductas sociales, carreras, tiempos contados – para caminar. Más que eso, para desacelerar

> La lentitud es chocar perfectamente con el tiempo, tanto que los segundos se escurren, pasan por un gotero como una llovizna sobre la piedra. Ese *estiramiento del tempo profundiza el espacio*. Uno de los secretos del caminar es que: es un abordaje sereno de paisajes que los torna progresivamente familiares. Como ocurre en la convivencia regular que intensifica una amistad. Es una silueta de montaña que se carga el día entero, que se imagina sobre diversas iluminaciones y que se va definiendo, articulando. Cuando se camina nada se mueve, imperceptiblemente las colinas se van aproximando, el paisaje se transforma, el ojo es ligero, vivo, cree que entendió todo, que captó todo. Caminando, nada se disloca, de hecho, más parece que la presencia se instala lentamente en el cuerpo. Caminando, lo que ocurre no es tanto aproximarse, más bien, que las cosas lejanas insistan cada vez más en nuestro cuerpo. (43)

El caminar ha sido una manera de manifestar resistencia a la aceleración de la vida contemporánea, poniendo en escena *hombres y mujeres lentas* en la ciudad y a veces encontrando en ellas un poder – *la fuerza de los débiles es su tiempo lento* -, dice Milton Santos (2002). El poder de colarse por las rendijas del espacio urbano planificado, de liberarse para escoger recorrer caminos a pie en lugar de enfrentar horas de tránsito en el transporte público de las grandes ciudades. El caminar como forma de enfrentar cierta *falencia en la acción y en la imaginación*, de acuerdo con lo propuesto por Rebeca Solnit (2016), originada junto a la sociedad industrializada, sistemáticamente sobre alimentada y sedentarizada.

Finalizando el recorrido por mis encuentros previos con el caminar, destaco su aparición en mi trayectoria como posibilidad de imaginar otras formas de educación y de escuela. Tim Ingold es el encuentro que moviliza algunas preguntas en ese sentido.

> ¿Quién es más sabio: el ornitólogo o el poeta – quien sabe el nombre de cada pájaro, pero ya los tiene pre clasificados en la mente; o quien no conoce ningún nombre, pero mira encantado, admirado y perplejo hacia todo lo que ve? Considero que esas alternativas corresponden a dos sentidos bien diferentes de educación [...]. El primero es bastante familiar para nosotros, que nos sentamos en las salas de aula en el papel de alumnos o que nos colocamos al frente de una clase para enseñar. Ese es el sentido del verbo en latín *educare*: criar, cultivar, inculcar un estándar de conducta aprobado conjuntamente con el conocimiento que lo sustenta. Sin embargo, hay una variante etimológica que relaciona el término a *educere*, es decir, *ex* (afuera) + *ducere* (llevar). En ese sentido, educar es llevar a los novatos al mundo, en vez de – como es convencional hoy- inculcar el conocimiento *dentro* de sus mentes. Significa, literalmente, invitar al aprendiz a dar un paseo. ¿Qué tipo de educación es la que se da durante el caminar? (2015 23)

Como profesora y como artista performática, *dar una vuelta* viene siendo un modo particular de proceder en mis contextos de trabajo cotidiano. Las prácticas del caminar a las que me refiero invitan a relaciones individuales o colectivas muy simples: tocar las superficies de la ciudad, aletargar el paso al pisar el suelo del mundo; y después escribir, dibujar, hablar, bailar lo vivido, junto a otras personas. Por eso, pienso, ellas transforman nuestras percepciones del mundo, nos invitan a extrañarnos de sus asimetrías, a *mirar distinto el lugar mirado* de las cosas, las sensaciones e ideas sobre nosotros mismos y sobre los/las otras con quienes nos encontramos. Es en ese paso que comparto las próximas narrativas de algunas prácticas del caminar experimentadas en el contexto de la docencia universitaria

Algunos paisajes del caminar[67] *– de la universidad a la ciudad y viceversa*

500 metros en una hora y media –
algunos elementos de la experiencia corporal al caminar

2017. Dos profesores, dos estudiantes de graduación. Dos hombres, dos mujeres. Un componente curricular para alumnas de Pedagogía en Teatro vinculado a la creación artística en contextos escolares, coordinado por una profesora de graduación en Teatro y un profesor de Teatro del colegio de aplicación UFU[68]. Una plaza en el centro antiguo de la ciudad de Uberlandia. Calentamiento sensorial por la plaza – movimiento por las articulaciones corporales desde el piso hasta estar de pie. La suavidad de la piel se fricciona con el concreto de la plaza con las llamadas piedras portuguesas, mediada apenas por los tejidos de las ropas que vestimos. Los movimientos más redondos, los rodamientos y transferencias de peso no fluyen fácilmente por el piso. El encuentro cuerpo – piso de la ciudad es intenso, intimidad deseada, instituida a contracorriente de los

[67] En este momento, para mayor fluidez de la narrativa, retiro cualquier *cita nominal* a autores con quienes dialogo al escribir. Las inserciones en itálica dan señales de este diálogo. Esas personas, cuyas voces resuenan en los escritos de esta sección, están debidamente citadas en las referencias al final del texto.

[68] Agradecimientos más que especiales a los años de intercambio y camaradería (desde el 2012) con el Prof. Dr. Getúlio Góis de Araújo, profesor de Teatro en la Escuela de Educación Básica de la UFU, interlocutor fundamental y propositivo, tanto en la supervisión de prácticas de becados PIBID, como en la coordinación conjunta de procesos como los que abordo en las narrativas de esta sección.

espacios muy construidos de la urbanidad, en los cuales, el lugar que se pisa, el nivel bajo del espacio, es destinado apenas a algunos objetos y seres – sobras de la naturaleza, restos de la acción humana, animales domésticos, niños, algunos jóvenes, ambulantes e indigentes. Los niveles espaciales históricamente demarcando las posiciones sociales que cada uno ocupa. Lanzarse al piso es *subvertir en el reparto de lo* sensible, desorganizar posiciones.

Ya sobre los dos pies nos vemos expuestos a la ciudad y cómplices de la acción – nos miramos, tejiendo tramas invisibles que nos conectan mientras caminamos. En parejas, una persona guía la caminata de la otra por el espacio central de la plaza por medio del contacto entre la mano y la cervical. Practicamos la escucha de este guía silencioso – escucha táctil. Es necesario someterse, entregarse para ser guiado, es necesario confiar en espacio abierto y en la exposición, cuando lo corriente sería protegerse, desconfiar, ser precavido. Se trata de des-ocupar la posición de protagonista, agente, actor social, en función de una práctica en la que *la sumisión conduce y el control lo sigue.*

Próximo paso: un elástico ancho[69]. Cuatro cuerpos dentro del elástico manteniendo tensión suficiente como para que no caiga al piso. "¿Qué nos hace caminar, qué nos hace parar? – he ahí los ejes del programa que comienza. ¿Qué relaciones establecemos entre nuestros cuerpos, el elástico y las formas de la ciudad alrededor de la plaza? No hay destino cierto ni punto de llegada. Cuatro cuerpos que se ven y se escuchan en movimiento. Avanzamos lentamente parando en esquinas, explorando las tensiones posibles del elástico entre un muro, un árbol y el peso de un cuerpo que se dobla en dirección al suelo. Nuestro movimiento dibuja líneas del elástico suspendidas en el espacio urbano. Dibujo tridimensional, líneas cruzadas, encuentro entre volúmenes, líneas, formas corporales y urbanas. Se establecen entrelazamientos múltiples. Se forma una esfera de juego – situación sobrepuesta a la realidad cotidiana de las calles de la ciudad – que es la condición misma de nuestra liberación para

69 La propuesta se inspira en el programa de performance de Gustavo Ciríaco e Andrea Sonnberger (2006), "Aquí mientras caminamos", releído como programa de deriva por el Colectivo Teatro Dodecafônico (SP), con el cual colaboro desde su fundación.

actuar a contracorriente, engendrando *contrarracionalidades*. Así podemos hacer aparecer en la ciudad ese ruido hecho de cuerpos en movimiento. Nuevos vínculos aparecen – entre nuestros cuerpos y el cuerpo, rugoso, voluminoso, recto, terroso, móvil o inmóvil de la ciudad. Otros tantos son rehechos/releídos: se resignifican las calles del centro histórico de Uberlandia (el Fundinho), se revela delante (entre, sobre y bajo) nosotros las veredas viejas y nuevas, los rascacielos de los siglos XX y XXI, alternándose las portillas de los tinglados antiguos, algunos aun residencias, otros pequeños comercios, tienditas, bares que huelen a café, pan de queso, pan de maíz. Los carros se apiñan en las calles estrechas y estacionan en ellas, disminuyendo aún más el espacio de circulación. Estamos en el límite, en la ambigüedad de las ciudades contemporáneas – entre la herencia arquitectónica de los dos siglos pasados y el impulso del "desarrollo", re-planificación urbana = gentrificación. Somos nosotros mismos ese límite entre tiempos y espacios, equilibrados ahora, no en cuerdas flojas, sino entre el elástico tensionado. Compartiendo ese espacio tiempo se tejen (¿se reinventan?) vínculos de afecto, de complicidad, que se estrechan al exponernos al mismo programa, al caminar esa jornada juntos. Intimidad en descubrimiento, tejida poco a poco por los ojos que se cruzan en medio de la acción, por la escucha, sustentación del otro cuando quiere radicalizar el tensionamiento del elástico, por vernos, en nuestras diferentes edades, trayectorias, formas corporales, en plena experiencia del movimiento, del juego en la ciudad. Debajo de una gran glorieta, interrumpimos la caminata por la lluvia que empieza a caer. Pausa en la pequeña cafetería en la vereda opuesta. Café, pan de queso, pan de maíz. Fin del juego. Ciudad-espacio comprendida *en proporción humana.* 500 metros en una hora y media.

Cuerpos Transitorios – dislocando lógicas cotidianas en el Parque del Zorzal

Aun es 2017. Aun las dos profesoras y los dos alumnos de pre grado participando de la programación cultural de la ciudad[70], después del

[70] Se trata del Aldea Uberlândia, en colaboración entre el SESC Escenario Giratorio y el Instituto de Artes de la UFU, en octubre del 2017.

proceso vivido en el semestre anterior. El trabajo *transborda la ciudad,* dice la sinopsis. "Un encuentro entre muchos: cuerpos y suelo, piel y piedra, piel y tierra, huesos y vigas, líneas, curvas. Cuerpos en tránsito experimentan otras formas de ocupación, afectiva, poética y política de la ciudad y sus espacios.". Mañana nublada, restos de la lluvia de la madrugada en la ciudad de la sabana. Humedad en el aire, humedad en los bancos y en los postes de madera, en los rincones del parque. Calentamos para la intervención experimentando las reglas del juego que componen el programa de acción: mover el cuerpo por las articulaciones, estirar a partir de las líneas y formas presentes en el ambiente – bancos, postes, kioscos, árboles, cercas– caminar por el espacio mientras interactuamos con sus formas, creando composiciones colectivas en él, disponiéndonos a la escucha entre nosotros. Camuflar, repetir, contrastar, componer, como ya habíamos experimentado anteriormente en otras arquitecturas, en la escuela básica y en el campus universitario. El parque hace un intervalo, un espacio de transición entre zonas muy urbanizadas de la ciudad y zonas más horizontales. Hay ensanchamiento del horizonte espacial, desplazamiento aletargado, que parece reflejarse en el ensanchamiento del espacio mental, sugiriendo que la mente es también una forma de paisaje y que caminar es una manera de recorrerla. Constituimos un ritmo y un estado corporal que parece una réplica del mundo. A lo mejor no sea una réplica, sino el intercambio de temperaturas, resonancia y correspondencia entre los cuerpos y las formas del mundo. Afinación o *sintonía fina* del cuerpo en relación al mundo. Ese cuerpo, por medio de la observación, percibe las oportunidades (*affordances*), que las formas del propio mundo ofrecen como invitaciones, convocaciones, provocaciones a las que tenemos la posibilidad de atender si nos disponemos a ellas. Cercanías, distancias, horizontalidades, verticalidades, curvas, rectas... Nuevamente, en ese caso, se trata de un "sujeto" menos protagonista que se dispone a la escucha antes de entrar acción. Actúa a través de otros supuestos que no son los de la exploración y dominio del paisaje y de los seres en ella.

Mi investigación corporal como artista performática en la acción, fluctúa entre tres esferas que se entrelazan: la entrega de peso, la observación atenta de las sensaciones corporales en relación al olor de la tierra y las plantas cuando me acerco al piso o cuando me apoyo en el cemento de un banco; la atención a los movimientos de los cuerpos de las otras artistas performáticas en juego conmigo, dejando que ellos contaminen mi exploración; y el reconocimiento de la presencia de los cuerpos del público, que me invitan a veces a la permanencia, a la prolongación de las pausas, buscando dar tiempo a la construcción de imágenes delante de esos otros cuerpos en juego, por medio del disfrute. Un camino corporal que se acerca al *jugar para sí delante del otro*. Estar muy presente en las propias sensaciones corporales y reconocer la existencia de las otras: corporalidades, materialidades, también ellas presentes en el mundo. Hay un placer en mí que me transborda en ese proceso del encuentro cuerpo a cuerpo, literalmente, con el espacio. Una especie de aprensión de mí misma y de la *espacialidad del espacio*, de pertenencia, sintonía con su concreción, parece ser lo que me lleva a ese deleite

Caminamos por uno de los lados del parque, creando pausas para tornarnos espacio, generamos obstáculos, interrupciones visuales o concretas al flujo de los otros cuerpos que transitan en el parque, caminando, corriendo o simplemente jugando en el parque los domingos. Esos habitantes cotidianos del parque se convierten en espectadores inesperados, peatones, que son testigo de la situación de la performance que se instaura más allá de aquellas personas que estuvieron allá para seguir la programación divulgada. Son cuerpos escabullidos en espacios debajo de los bancos, camuflados entre las hojas de los costados verdes de la vereda, formando líneas voluminosas en el piso. Una vez más, invertimos la lógica del uso del tiempo y del espacio en el parque, aun siendo un lugar en el que la regla es la del placer, pero también la del cultivo sistemático de la "buena salud", de las prácticas *fitness*. El *nonsense* de nuestras acciones, la inutilidad de ellas para ese fin – del ejercicio físico - viene a colación. Demarcamos con pies, troncos y manos, la fuerza creativa del caminar, o de su *recorrido* – simultáneamente *acto perceptivo y acto* creativo, acto de lectura y de escritura, primera arquitectura humana. Una vez más, aparecen nuevos vínculos con esos espacios, constituyendo lugares, por los otros sentidos, no apenas utilitarios, que agregamos al espacio, tejiendo diferentes hilos en la trama urbana. Finalizamos el recorrido después de una curva a la izquierda que lleva al puente sobre el lago, marco de cierre de nuestra intervención y de los recorridos de la caminata señalizados en el parque, lugar en el que está instalado otro trabajo participante del festival.

Constituyendo paisajes amplios

Para cerrar esta pequeña jornada, me interesa recordar que las experiencias corporales aquí narradas constituyen, en mi forma de ver, pilares en nuestros procesos de conocimiento y *participación en la cultura.*

El caminar reafirma el enraizamiento de los significados que producimos hacia el mundo en la concreción de nuestras experiencias corporales. Es el movimiento, propiamente dicho, que *funda nuestra cognición, nuestro sentido de espacio y de* tiempo, como afirma Maxine Sheets-Johnstone.

Pienso que es en movimiento, en la presencia de (delante, con) otros cuerpos y del propio mundo que se hace educación. En las narrativas presentes en el texto se proyectan posibilidades de esa educación en el contexto escolar, el cual ya está institucionalizado. Sin embargo, mi reflexión trata más bien de pensar y actuar menos en el campo de las propuestas de modelos educativos y más en la propuesta de actitudes y visiones sobre educar que creen discrepancias sobre los sentidos de educar. Impulso de ampliar concepciones de educación, de lo que vislumbramos como siendo nuestra responsabilidad en relación a las nuevas generaciones, *que nacen en un mundo que ya existe antes de ellas.*

> la contribución de cada una [generación] para la cognoscibilidad de la siguiente, no se da por la entrega de un cuerpo de información desincorporada y con contexto independiente, sino por la creación, a través de sus actividades, de contextos ambientales dentro de los cuales las sucesoras desarrollen sus propias habilidades incorporadas de percepción y acción. En lugar de tener sus capacidades evolutivas rellenas de estructuras que representan aspectos del mundo, los seres humanos emergen como un centro de atención y agencia cuyos procesos resuenan con los de su

> ambiente. El conocer entonces, no reside en las relaciones entre estructuras en el mundo y estructuras en la mente, él es inherente a la vida y conciencia del conocedor, pues aparece dentro del campo de la práctica [...] establecido a través de su presencia como ser-en-el-mundo (Ingold 2010 21)

Tim Ingold también ubica las raíces de nuestros procesos de conocimiento en la implicación organismo/cuerpo – ambiente/mundo, rompiendo con las ideas de *adquisición de representaciones por el* cerebro, y con la dicotomía histórica de ser innato o de ser adquirido en el ser humano.

> Las habilidades de los seres humanos, de tirar piedras a lanzar bolas de *cricket*, de trepar en árboles a subir escaleras, de silbar a tocar el piano, emergen a través de la maduración en el interior del campo de la práctica, constituidos por las actividades de los antepasados [...]. Esas capacidades no existen 'dentro' del cuerpo y cerebro del practicante, ni 'fuera' del ambiente. Estas son, en realidad, propiedad de sistemas ambientalmente extendidos que entrecortan las fronteras del cuerpo y del cerebro. [...] (2010 16)

Exposición al mundo, participación en la cultura

Al narrar experiencias con alumnos de posgrado en diferentes ciudades no turísticas y posconflicto, Jan Masschelein habla de caminar como práctica de *exposición al mundo.* Para él, ya no se trata, como ocurre en la educación moderna, de llamar la atención de las estudiantes para el hecho de que la visión de mundo presente en ciertos fragmentos de un libro o en el discurso de un profesor, o en un programa de televisión, es apenas una representación del mundo entre tantas otras.

> Esa conciencia ya está suficientemente presente. Pero: cómo transformar el mundo en algo 'real', cómo hacer el

> mundo 'presente', devolver lo real y descartar los escudos o espejos que parecen habernos cerrado cada vez más [...]. Ese problema, pienso, no es ni epistemológico (sobre representaciones verdaderas), ni normativo (respecto a qué valorizar, qué seleccionar, cómo juzgar), pero es precisamente sobre la (dis-)tancia, es decir, el modo como nos relacionamos con el mundo, es sobre cierta distancia que abre un espacio existencial. Ese problema no se refiere a imágenes, símbolos o signos (relacionado a historias e interpretaciones) sino también al mirar y al *ethos* de la mirada en sí misma. (Masschelein 276)

Comprendo ese *ethos de la mirada* de modo ampliado, más allá de la centralidad de los "ojos" en nuestra cultura. Se trata de cultivar, practicar ese encuentro multisensorial, de cuerpo entero, con la materialidad de las ciudades. Caminar es estar insistentemente *fuera de posición*, en desplazamiento, y además abrirse para una presencia, insistente en sí mismo mientras se encuentra con otros cuerpos y con la ciudad o el mundo. Una aparente paradoja que la caminata parece solucionar - estar en sí y en el mundo sin alienarse en uno u otro (SOLNIT, 2016)-. Generar una distancia existencial, ni ausente del lugar, ni totalmente identificada con cualquier punto de vista – distanciamiento y participación en movimiento de ir-y-venir constante-. *Atención fluctuante*, abierta, pero también, por momentos, minuciosa, en contacto con las pequeñeces, los *pequeños desperdicios reveladores* escondidos en el piso, entre los muros, al pie de los árboles, en medio de la ciudad – que posibilita observar sensaciones, elaborar sentidos, aprender mundos-. Caminar en bandos, grandes o pequeños, protegerse con el bando, hacer visibles los bandos, oír las varias voces en él presentes después de caminar para continuar tejiendo sentidos. Caminar de ese modo, engendra otros modos de existencia y aprendizaje en contextos formales de educación, crea otros vínculos posibles entre cuerpos vivos y desde los cuerpos, nos enraíza en el *mundo*, con sus bellezas, sus asimetrías y con los espantos que los encuentros hacen surgir.

Esos encuentros inesperados que se dan al caminar, los múltiples desvíos de recorridos, son para mí, formas de cultivar esos otros estados de atención, de abertura a los otros y al mundo, de participar de las jornadas de unos y de otros. Son experiencias de convivencia y afecto, de fricción y de *des-identificación,* en medio de las cuales se descubre posibles compañeras de jornada en el mundo. "Oír o mirar en este sentido, es acompañar a otro ser, seguir – aunque sea un tiempo breve – el mismo camino que este ser recorre por el mundo de la vida, y *tomar parte* en la experiencia que el viaje permite" (Ingold 2010 22, las cursivas son mías). Así es como se presenta la potencia pedagógica de caminar: tomar parte en la experiencia de otros viajantes y del mundo, emanciparse, aunque sea temporalmente, de un lugar propio de sí o de lo que se dice que es propio para cada espacio, cada persona, género o clase.

En tiempos aun atravesados por la pandemia, pienso en el acto de caminar como un proceso pedagógico como una de las visiones para la educación, una posibilidad de transformar ideas hechas sobre lo que sería una escuela o un salón de clases, una invitación para salir a *dar un paseo.* En el encuentro con los Otros o con el *mundo,* nos vinculamos a ellos, *retornamos al mundo,* nos encontramos cuerpo a cuerpo con sus diferentes texturas tensiones y singularidades, reconociendo nuestra pertenencia a él y a los sentidos más permanentes y transitorios de nuestra propia humanidad.

Bibliografia

Arendt, Hannah. *Entre o Passado e o Futuro.* São Paulo: Perspectiva, 2005.

Careri, Francesco. *Walkscapes*: o caminhar como prática estética. São Paulo: G. Gili, 2013.

Gros, Frédéric. *Caminhar, uma filosofia.* São Paulo: Realizações Editora, 2010.

Ingold, Timothy. "O dédalo e o labirinto: caminhar, imaginar e educar a atenção". *Horizontes Antropológicos.* Rio Grande do Sul, 2015, ano 21, n.44, p.21-36.

---. "Da transmissão de representações à educação da atenção". *Educação.* Porto Alegre, v.33, n.01, 2010, p.6-25.

Le Breton, David. *Elogio Del Caminar.* Madrid: Ediciones Siruela, 2011.

Masschelein, Jan. "The idea of critical e-ducational research – e-ducating the gaze and inviting to go walking". In: GUR-ZE'ev, Ilan. *The Possibility/Impossibility of a New Critical Language in Education.* Rotterdam: Sense Publishers, 2010, p.275- 291.

Merleau-Ponty, Maurice. *O Visível e o Invisível.* São Paulo: Editora Perspectiva, 2003.

Rancière, Jacques. *A Partilha do Sensível*: estética e política. São Paulo: EXO experimental org; Editora 34, 2009.

Ryngaert, Jean-Pierre. *Jogar, Representar.* São Paulo: CosacNaif, 2009.

Santos, Milton. *A Natureza do Espaço.* São Paulo: EDUSP, 2002.

Sheets-Johnstone, Maxine. *The Primacy of Movement.* Londres: John Benjamin Publishing Company, 2011.

Solnit, Rebecca. *História do Caminhar.* São Paulo: Martins Fontes, 2016.

Dramaturgias en resistencia

Daniel Furtado

Como ya es sabido por todos, corren tiempos difíciles. En los últimos años en Brasil, las áreas de Cultura y Arte vivieron ataques sistemáticos a su valor, su organización y sus mecanismos de fomento y sustento. Desde el intento de extinción del Ministerio de Cultura cuando Michel Temer asumió el gobierno de nuestra república en 2016, luego del golpe contra la presidenta Dilma Rouseff, el teatro y las artes en general vienen siendo acusados de desvíos, desmanes, de estar alineados a ideologías de "izquierda" y de "mamar de la mamadera" del gobierno.

Una de las primeras acciones del presidente electo fue, precisamente, desarticular el Ministerio de Cultura. Habiendo vencido una elección manchada por los *fakenews* y máquinas enviando avalancha de mensajes en grupos de WhatsApp, no hubo ningún movimiento de ocupación de la Funarte en enero de 2019, como ocurrió hacía menos de tres años atrás[71]. La censura creció y el estado policíaco y militarizado mostró que estaba dispuesto a intervenir donde sus intereses fueran contrariados, extinguiendo o alterando la composición de órganos colegiados que actuaban en el área cultural.

¿Qué medidas tomar o cómo reaccionar en tiempos de crisis? Dando clases en una universidad pública situada en Río Grande del Sur, pude observar que la temática política, (la puesta en escena de temas como el racismo, la violencia, la tortura, las relaciones de género) atravesaba el

[71] Después que tomó pose interinamente, el 12 de mayo de 2016 (la pose definitiva fue el 31 de agosto de 2016), Temer realizó una reforma ministerial en la que el Ministerio de Cultura fue cerrado. Ante este hecho, artistas y activistas culturales comenzaron una serie de ocupaciones en las entidades pertenecientes a ese ministerio en todo el país, tales como el IPHAN – Instituto del Patrimonio Histórico y Artístico Nacional y la FUNARTE – Fundación Nacional de Arte. El 17 de mayo la sede de la Funarte en Brasilia había sido tomada, Belo Horizonte, Río de Janeiro y Sao Paulo, y otras capitales también registraban ocupaciones. Después de una semana de protestas, Temer se echó para atrás y reformuló la cartera.

contenido de innúmeras experimentaciones creadas por exalumnos, alumnos y profesores de los cursos de Teatro y Danza. Teniendo esto como norte, en este artículo mi interés se dirige a dos asuntos: las formas actuales que lo político toma en escena; y la opción por lo político hecha por los creadores, opción que será planteada a partir de sus motivaciones y por las estrategias escénicas encontradas para traer esta temática al público.

Siendo así, me detendré sobre algunos trabajos realizados en este contexto: *Tereza da Silva,* creado por la Compañía Teatral Hijas de Tereza (2016), escrito y dirigido por Ingrid Duarte, ex alumna de la carrera de Pedagogía en Teatro de la UPFEL – Universidad Federal de Pelotas), las escenas *64* (creado por Shay Beatriz) y *Negro es el lugar donde vivo* (2019), creado por Naiane Ribeiro, ambas, en aquella época, alumnas de la carrera de Pedagogía en Danza de la UFPEL) y la performance *Lama, una performance* (2015-2017, creada por Maria Falkembach y por mí, profesores de la carrera de Danza y Teatro de la UFPEL, respectivamente)

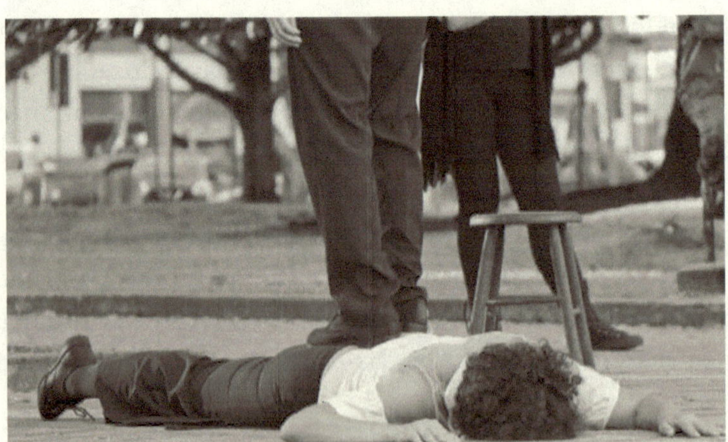

Fig. 1: Lama, Una Perfomance. Foto: Geovani Corrêa

En este punto, busco observar la integración entre las motivaciones políticas y las opciones estéticas adoptadas por las creadoras de los trabajos (y por mí), pensando en cómo estas narrativas cuestionan los discursos hegemónicos y perpetuadores del *status quo,* de acuerdo a como la sociedad brasileira se estructura.

Formas de lo político

Antes de pensar en qué tipo de tensiones sociales proponen y provocan los diferentes trabajos aquí presentados, conviene discutir un poco la propia naturaleza política del teatro, entendida aquí como la de un papel comunal.

Bernard Dort, en un texto que analiza la vocación política del teatro[72], inicia sus reflexiones preguntando al lector si, ontológicamente, el teatro no sería, de alguna manera, siempre político. No podemos olvidarnos que la acepción más amplia del término *político* se refiere a los intereses políticos, relacionándose etimológicamente a la *polis,* las ciudades estado griegas. La acción política, por tanto, sería toda acción volcada a defender y proteger los intereses del pueblo, de los ciudadanos de la *polis,* de la ciudad. En el texto, Dort se pregunta ¿De qué forma, autores y directores, en los días de hoy, aceptan o rechazan tal dimensión?" (366). Recordando que el teatro no es el texto teatral, la obra dramática, sino la obra escénica que es presentada delante de una platea específica y para ese público, el pensador francés propone que, en algún momento de la historia, hubo una profunda identificación entre la historia contada en el escenario y la historia vivida por los espectadores. Siendo escenificada en el escenario

> bajo la mirada de centenas o millares de espectadores que la descifran como su propia acción, una acción que les es común, la obra pasa a significar la historia de estas centenas o millares de espectadores. Habla por ellos y en sus lugares. Exprime, literalmente, su comunidad. Refleja el acuerdo social, político, que fundamenta esa comunidad. (Dort 370)

Especialmente a partir del siglo XIX, habría una fractura en esta unidad, de la obra en relación con el público que asiste. Ya no es posible

72 "A vocação política do teatro", publicado originalmente en el libro *Théâtre Public*, en 1967, en Francia.

encontrar "el acuerdo común de un pueblo o de una confesión, el interés común de una clase" (370). La ciudad ya no se puede revelar a sí misma, pues explotó en pedazos, en identidades multifacetadas y heterogéneas; el escenario de los espectáculos teatrales, él mismo está zambullido en contradicciones, a veces sumamente violentas. De ahí viene la percepción de que el teatro, que ya fue, de alguna forma, naturalmente político, pase a ser deliberadamente político, apolítico o antipolítico.

Podemos resaltar que el texto de Dort, escrito al final de los años 60, trae la perspectiva brechtiana de una posibilidad de intervención en los rumbos de la historia por parte del espectador, a partir del propio conocimiento de esa historia y de la introducción de hechos del cotidiano en una perspectiva histórica. Percibiendo la realidad como algo en permanente transformación, el espectador puede actuar sobre ella; transformándose puede transformarla. Varios pensadores y estudiosos del teatro, como por ejemplo Augusto Boal, ven en la poética brechtiana el deseo de conscientizar al espectador sobre la posibilidad de transformación del mundo, considerando que el espectáculo es "una preparación para la acción" (Boal 169). Según Boal, la poética de Brecht es una poética de concientización: no apenas el mundo se muestra transformable, sino que esa transformación empieza en el propio teatro, "pues el espectador ya no le delega los poderes al personaje para que piense en su lugar, aunque aún le delegue poderes para que actúe en su lugar" (Boal 169). La experiencia teatral ahí es, al mismo tiempo, concientizadora y aclaradora, "*La acción dramática aclara la acción real.* El espectáculo es una preparación para la acción". (idem, itálica del autor).

Para Dort el teatro político hoy tendría que ser aquel que, a través de la descripción del cotidiano, pudiera propiciar un acceso a la historia, basándose en un tipo de dramaturgia que, sin negar lo "particular en provecho de lo social" (378), revele su independencia. Heredero de Brecht, para quien solo es posible describir el mundo actual para el hombre de hoy "en la medida en que lo describamos como un mundo posible de transformación" (Brecht 20), Dort considera que es posible crear un teatro político tal vez más modesto, lejos de aquel teatro histórico y político en el cual "la acción escénica representaría simbólicamente la evolución social en su conjunto, con personajes típicos encarnando las fuerzas fundamentales de la sociedad y los conflictos dramáticos que reflejan los grandes conflictos de este mundo" (395), pero tal vez más eficaz. De esta forma, rechaza el teatro político de la forma en que fue concebido por Piscator al inicio del siglo XX, abriéndose para otras formas de manifestación de lo político en escena.

En otro texto de la misma época[73], Dort destaca un movimiento que solo vino a acentuarse en estos últimos 50 años: la fragmentación y la división del público, de manera que podemos hablar de "públicos", en lugar de solo público. De la misma forma, también comenzamos a hablar de "teatros", que se especializan en producir para un determinado público. Este texto también trae algunas reflexiones sobre el "teatro documento" (o teatro documental, así como diversos autores como Soler del 2010 y Giordano del 2014, quienes se refieren a este en Brasil) considerándolo "el rechazo de toda simbología y el rechazo a una visión global bien organizada, del conjunto de la realidad" (Dort 2007 397). Ya que apenas podemos captar fragmentos de la realidad que nos rodea, son estos fragmentos, tal cual son, los que deben ser llevados al escenario, donde el espectador podrá resignificarlos, tal vez retirándoles el verniz impuesto por los medios y por la propia ideología.

Así, se coloca la imposibilidad de que la escena teatral abarque la complejidad de la realidad contemporánea, lo que nos lleva a conjeturar sobre lo inalcanzable de la verdad y la insuficiencia de las imágenes, asuntos que están en la base del cuestionamiento filosófico post moderno. Esta dificultad de aprehensión se revela, o es percibida, en innúmeros aspectos de las manifestaciones y construcciones humanas, incluso en las simbólicas:

> En el origen de estas nuevas formas de teatro político actual, hay una doble verificación: la imposibilidad de aprehender la realidad en su conjunto y de transponerlo

[73] "Teatro Político: uma reviravolta copernicana", publicado en el libro *Théâtre Réel*, de 1971.

> simbólicamente en el escenario; la falsedad, o por lo menos, la insuficiencia de las imágenes de la realidad que los teatros se habituaron a dar. (Dort 397).

De esta manera, Dort ve que la posibilidad de que la actividad teatral sea algo que da acceso a lo político, en el sentido de ser una actividad relacionada y que nos relacione a los intereses públicos, tiene como condicionante que el teatro se vuelva "una crítica de nuestras ideologías y preparación para la acción" (403)

Exponiendo la fragmentación de nuestras percepciones de la realidad, cuestionando nuestras representaciones de los hechos, nuestra visión de mundo, el teatro puede darnos la consciencia de la necesidad de transformar esa realidad, el mundo que habitamos. Fernando Peixoto, en el prefacio de *O teatro e sua realidade,* afirma que el objetivo del teatro "*es hacer al espectador, después, intervenir en su vida*" (Peixoto 2010 08). Esto nos parece que es, precisamente, el objetivo, no de la actividad teatral como un todo, pero sí del teatro político que se asume como tal, o que lo es, aunque eso no esté dentro de sus pretensiones.

Hay aún otra forma de pensar la relación entre el teatro y la actividad política, cuando la consideramos, ontológicamente, como una actividad propia de los seres humanos. Así, observamos el hacer teatral como un acto político, realizado por las personas en un encuentro comunal y público. El filósofo del teatro Jorge Dubatti, postula que el "teatro es un hecho que produce entes en su proceso, conectado a la cultura viviente y a la presencia diáfana de los cuerpos" (p. 15) En su núcleo, el hecho teatral está relacionado al encuentro de los seres humanos, que se reúnen para observar algo que es producido por otros seres humanos. Dubatti define que el teatro, como acontecimiento,

> es internamente complejo, porque el hecho teatral se constituye sobre tres sub-acontecimientos (por género cercano y diferencia con otros hechos): la convivencia, la *poíesis*, la contemplación. (...) Según la redefinición lógico-genética,

> el teatro es la contemplación de la *poíesis* corporal en convivencia; de acuerdo a la definición pragmática, el teatro es la fundación de una región particular de experiencia y subjetividad en la cual interviene convivencia-*poíesis*-contemplación. (Dubatti 19)

Como arte que se basa en la convivencia, en el encuentro público entre personas, el teatro puede ser considerado una acción política. El hecho de ser un encuentro público asume aquí extrema importancia. Es posible pensar en la acción teatral como el encuentro entre un único actor y un único espectador[74]. Sin embargo, el teatro trae consigo el concepto de asamblea, de conjunto, tanto en el escenario como en la platea.

El encuentro de personas para que, sin intermediaciones tecnológicas, vea una presentación artística, es una acción de convivencia, como dijo Dubatti. Considerando el teatro como una "arte diáfana por excelencia", él recuerda que "no somos los mismos en reunión, pues se establecen vínculos y la convivencia se afecta, incluyendo a los que no lo han notado o no son concientes" (20). Somos afectados por los que están a nuestro alrededor, y esa relación no se da apenas en la relación escenario platea, actores y espectadores, sino dentro del propio público, entre las personas que lo componen. La forma en que cada uno recibe o reacciona a las acciones producidas delante de sí, afecta la manera en cómo las personas las reciben o reaccionan a ellas. El individuo se torna colectividad. Con las personas reunidas en un acto público, el teatro se torna una acción pública, he ahí entonces, el vínculo con la política.

La comprensión de que el teatro es un acto político atraviesa el pensamiento de muchos teóricos del teatro. Si retomamos el pensamiento de Augusto Boal, para quien "todo teatro es necesariamente político, porque políticas son todas las actividades del hombre, y el teatro es una de

[74]El propio Dubatti hace esta reducción como núcleo ontológico del teatro: "Un hombre, que produce una acción con su cuerpo, en una encrucijada espacial y temporal compartidas con otro hombre, que mira (percibe con todos sus sentidos) esa acción, ambos de cuerpo presente, necesariamente cercanos en el espacio, sin intermediación tecnológica" (Dubatti 35).

ellas" (1975 01), nos depararemos con la cuestión de que exista un teatro apolítico. Boal afirma que la cuestión de separar el teatro de la política es un propósito de las "clases dominantes", para "utilizarlo como instrumento de dominación" (ídem).

Considero que es necesario distinguir el teatro como hecho político por su propia naturaleza, al teatro que, en su contenido, nos acerca a la discusión de la inserción histórica de los seres humanos, el cuestionamiento de los discursos, de las ideas y narrativas hegemónicas. De esta forma, a pesar de no poder negar que todo teatro en sí es político, y que producir acciones artísticas puede ser considerado, en esencia, acciones políticas, es necesario pensar en ese tipo de hecho teatral que, de una forma o de otra, coloca en escena la discusión de las ideologías que se encuentran implicadas en las acciones humanas.[75]

El encuentro humano para contemplar las acciones artísticas creadas por otros seres humanos puede o no, asumir un sesgo revelador de la realidad y que, de alguna forma, cuestione la organización y los hábitos de las personas viviendo en sociedad. Sin agotar el asunto, así como tampoco la validez de otras definiciones, es a partir de este punto de vista, del cuestionamiento de las motivaciones ideológicas y de los discursos hegemónicos que pasaré a pensar las dramaturgias y performances políticas: escenificaciones que se vuelcan para la afirmación de las identidades, de las diferencias, de la constatación y respuesta de los diferente tratos que grupos sociales, étnicos o raciales reciben en su día a día y de la forma como la sociedad como un todo se relaciona con estos grupos, sean estos indígenas, negros, homosexuales, mujeres u otros, frecuentemente colocados al margen de los derechos básicos de los seres humanos. Racismo estructural, homofobia, machismo, censura, restricciones a la libertad individual, de pensamiento y expresión, violencia, todos estos temas están presentes

[75] Al crear el Teatro del Oprimido, Boal avanza en la teoría de Brecht, pensando en cómo incluir al espectador en la acción: "La poética del oprimido es esencialmente una Poética de la Liberación: el espectador ya no delega poderes a los personajes ni para que piensen, ni para que actúen en su lugar. El espectador se libera: ¡piensa y actúa por sí mismo! *¡Teatro es acción!* Es posible que el teatro no sea revolucionario en sí mismo, pero no tengan dudas: *¡es un ensayo de revolución!*" (Boal 1975 169).

en los diversos escenarios de Brasil, aún con las dificultades de financiamiento y producción que las artes escénicas vienen enfrentando en los últimos tiempos.

Hay aún otros aspectos que debemos destacar al abordar la escena política de Brasil del inicio del siglo actual, que se caracteriza por la presencia constante de cuestionamientos sociales en diversos espectáculos, performances y acontecimientos escénicos: primero, la incorporación de la práctica de la performance en teatro y danza, que trajeron nuevas posibilidades de irrupción de lo real en escena, reforzando el proceso de inserción de la vida personal del actor/actriz/performer en el escenario; segundo, la consolidación de una tendencia dramatúrgica ligada a la autobiografía, incorporando el testimonio autobiográfico y las historias vividas por los actores en la escenificación; además de eso, debemos destacar el protagonismo de grupos anteriormente excluidos de la práctica artística, en un proceso de empoderamiento que incluye la conquista de un espacio de expresión artístico-política y el cuestionamiento sobre el lugar del que habla, ¿quién está autorizado a hablar por quién?. Estos nuevos colectivos traen a la escena teatral brasilera visiones y temas que antes eran escamoteados o estaban excluidos de ella. Las diversas estrategias escénicas de articular y presentar esas cuestiones sociales normalmente escapan al intento de buscar una "respuesta" y encontrar una "verdad" a los innúmeros problemas y temas traídos a la escena, de crear aquella "visión global y bien organizada" de la que habla Bernard Dort.

Veremos a continuación algunas de esas acciones, creadas dentro o en el entorno de los cursos de Teatro y Danza de la Universidad Federal de Pelotas, observando la tensión social – el cuestionamiento de valores, posturas, discursos y creencias - que los diferentes trabajos proponen y provocan, los motivos e inspiraciones de sus creadores.

Variaciones y abordajes políticos

Al observar estos espectáculos y escenas como manifestaciones del surgimiento de nuevas voces del espectro del teatro brasilero contemporáneo, podemos pensar este proceso – poiético-político – como parte de un contexto que se relaciona al proceso de empoderamiento de varios grupos y colectivos teatrales. Joice Berth, en el libro *Empoderamento (Feminismos Plurais)* (2019), enumera cuatro demensiones en el proceso de empoderamiento, que serían, según la feminista estadounidense Nelly Stromquist: "dimensión cognitiva (visión crítica de la realidad), psicológica (sentimiento de autoestima), política (consciencia de las desigualdades de poder y la capacidad de organizarse y movilizarse) y la económica (capacidad de generar renta independiente)[76]. Cuando analizamos la escena concerniente a este teatro político brasileiro, hay una incorporación especialmente de las tres primeras dimensiones referidas por Stronquist, la cognitiva, la psicológica y la política propiamente dichas. Son dimensiones que buscan o afianzar la visión crítica de la realidad, o reforzar procesos de autoestima en poblaciones excluidas, o fomentar la conciencia de las desigualdades de nuestras estructuras de poder, actuando, algunas veces, en los procesos de organización y movilización de grupos periféricos. Veremos que estas dimensiones están, de alguna forma, presentes en los trabajos que analizaremos a seguir.

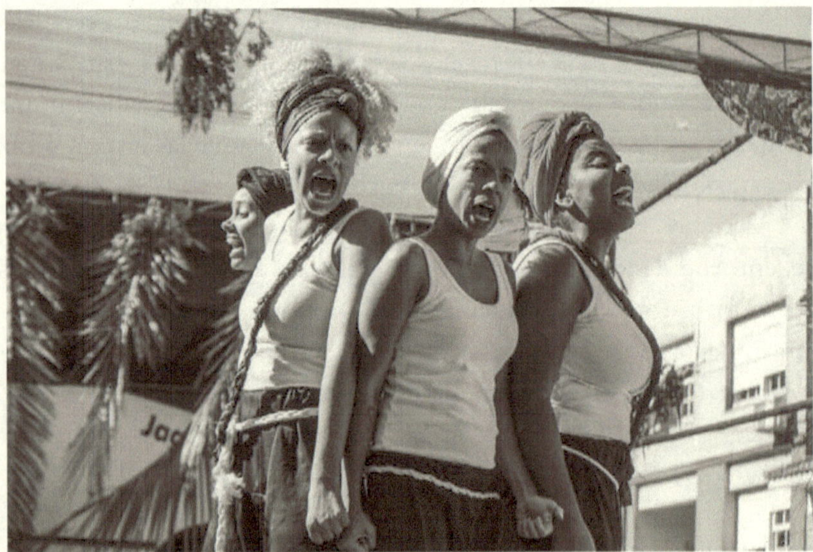

Fig. 2: *Tereza da Silva.* Foto: Niel Nie

[76] Citado por Berth (2019 32).

De las innúmeras escenas y performances producidas en el ámbito de las carreras de Teatro y Danza de la UFPel, escogí algunas que creo que hacen parte de esta tendencia, la de traer al encuentro con el público cuestionamientos de formas de organización social, de los discursos hegemónicos y de las relaciones afianzadas en el sistema patriarcal racista y homofóbico que aún es vigente en el Brasil. Podemos reconocer esos cuestionamientos, ya sea en las temáticas de estos trabajos como en su estructura. La obra *Tereza da Silva* se centraba en la discusión del racismo, habiendo sido creada en el 2016 por la Conpañía Teatral Hijas de Tereza (que en la época se llamaba Hijos de Tereza, por la presencia del actor Everton de Lima, sin embargo, su nombre fue cambiado debido a la salida del actor del grupo), habiendo sido escrita y dirigida por Ingrid Duarte[77]. La escena *64* trataba de la tortura en el período de la dictadura militar brasilera de los años 64 a 85, concebida y dirigida por Shay Beatriz[78] en el 2019, como parte del curso Montaje de la carrera de Danza, teniendo como asesora de tesis a la profesora Maria Falkembach. *Negro es el lugar donde vivo,* era una escena creada por Naiane Ribeiro[79], también para la misma disciplina, teniendo como asesora a la profesora Alexandra Dias y trayendo también, como temática, el racismo.

Lama, una performance, fue concebida por mí, Daniel Furtado, y Maria Falkembach en 2017 (hubo una primera versión de la performance en 2015[80]) y abordaba varios temas como la discusión de lo femenino/gé-

---

[77] La obra se estrenó el 03 de setiembre del 2016, en un seminario realizado en la Universidad Católica de Pelotas "La importancia de las cuotas para la democratización del acceso a derechos sociales", teniendo en el mismo elenco a Ingrid Duarte, Andreza Mattos, Tati Cuba y Everton de Lima, con Junior de Mattos en la percusión.

[78] El trabajo fue presentado en Pelotas el día 15 de junio del 2019, en la UFPel (en la OCA), teniendo en el elenco como intérpretes creadores a Daniela Ricarte, Janiel Bitencourt, Bianca Ascari, Stephânia Lengruber, Tainá Madruga Romero, Julia Garagorry Garcia, Nayane Lima, Alice Braz, Eduardo Bemfox y Alêxander Christopher Garcia.

[79] La escena fue presentada el día 26 de junio del 2019, en el Museu do Doce, teniendo en el elenco a Tayson Furtado, Denilson Coseres, Airton Marinho y Juliana Coelho, y como músicos, Desiree Salles, Bruno Freitas y Dilermando.

[80] La primera versión se estrenó en noviembre del 2015, creada para la Virada Cultural de Pelotas, habiéndose presentado en la explanada frente al Teatro Sete de Abril, en la

nero, de los derechos humanos universales, la necesidad de escuchar, terminando la performance con una escena creada a partir del crimen ambiental que devastó el poblado de Bento Rodrigues, en Mariana, MG, en noviembre del 2015.

Conversé con las creadoras de estos trabajos,[81] interesado principalmente, en aquello que las hizo trabajar esos temas, en las motivaciones que tuvieron para escoger estos asuntos y en la relación entre el arte y la política, cómo esto era percibido y pensado por ellas. En lo que respecta al tema elegido por las directoras/dramaturgas, por más que se piense que el propio que hacer teatral en tiempos de crisis y acciones proto fascistas, pueda ser considerado como un acto político, la opción por temas como el racismo, la tortura y la libertad de ser y existir, eran acciones muy claras, en el sentido de un cuestionamiento de la forma como la sociedad brasileira se organiza y sobre nuestro comportamiento. Estos procesos también son muy significativos porque traen la inserción de cada una de las creadoras (incluyéndome a mí mismo) en el colectivo. La historia personal es, al mismo tiempo, la historia de su tiempo, y las preocupaciones sociales y artísticas de cada una de ellas refleja o apunta hacia la colectividad donde ellas se insertan. Es evidente que los motivos que las llevaron a escoger estos temas están relacionados a la historia de vida de cada una de ellas, y en este caso, son reveladores, no sólo de un recorrido, sino también de un deseo de cambio y de un cuestionamiento de actitudes o posicionamientos. Lo que es colocado en escena, con frecuencia, es percibido como algo controversial o agresivo, incluso como ofensivo y carga un tanto de recelo sobre la reacción de otras personas o de segmentos de la sociedad.

Los dos trabajos que tratan de racismo y que fueron creados por directoras negras, tienen muchos puntos de origen en común, siendo uno de ellos el proceso de reconocimiento como mujer negra. Ambas no se sentían representadas dentro de la universidad y apuntan a la falta de referentes negros como algo que impedia una real identificación, con presupuestos

plaza Coronel Pedro Osório, y la versión ampliada se estrenó en setiembre del 2017, dentro del proyecto Siete al Atardecer, en el Mercado Público de Pelotas.

81 Las entrevistas con las directoras fueron realizadas por mí entre septiembre y noviembre del 2019.

teóricos y estéticos abordados en los cursos de danza y teatro. Ingrid Duarte señaló que ese encuentro con la cultura negra ocurrió solo después de la universidad, después del proceso de Tereza: "Dentro de las disciplinas, las carpetas, de las cosas que estudiábamos , era muy poco para nosotros (...) Porque no nos sentíamos representados" Las pocas experiencias negras estudiadas en el curso de teatro, como Abdias Nascimento de el TEN – Teatro Experimental de lo Negro, aun no tenían repercusión, no eran suficientes, pues (nosotros) "No lográbamos llegar ni a Abdias, no lográbamos vernos". Naiane Ribeiro señala que, además de encontrar pocas referencias en relación a bailes de matriz africana y cultura negra[82], se sentía aislada por no haber otros alumnos que cuestionaran el lugar de lo negro en la sociedade brasileira: "a pesar de haber otros negros en la facultad, lo mucho que me sentia sola, ¿sabes?, para hablar de estas cuestiones, lo mucho que las personas muchas veces eran superficiales para problematizar esto, para argumentar sobre, lo mucho que tampoco éramos escuchados en algunos momentos".

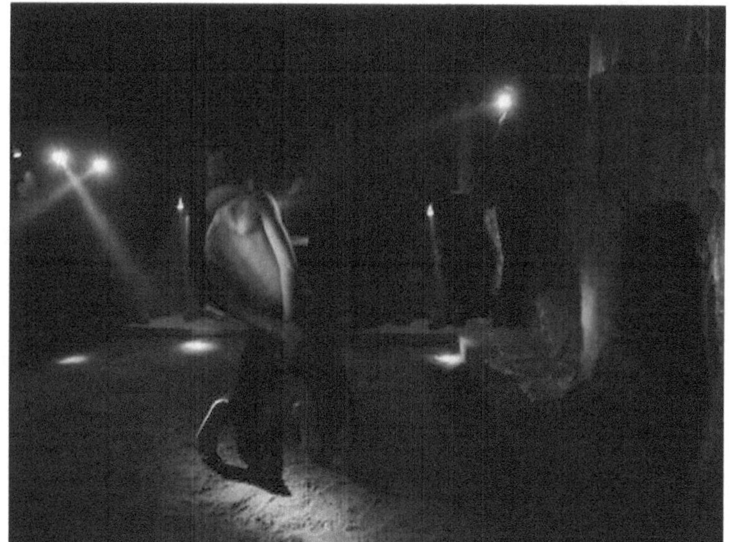

Fig. 3: Negro es el lugar donde vivo. Foto: Amanda Correa

[82] En la entrevista ella cuenta que hizo un "levantamiento de los cursos que trataban las cuestiones negras dentro de la carrera: Y ahí encontré dos, una era Historia de la Danza IV, y pincelaba apenas, y después Cuerpo, Danza y Brasilerismo, que no funcionó".

Podemos considerar que los dos trabajos son dirigidos tanto para la comunidad negra como para la comunidad blanca. Ambos traen confrontación respecto a la posición de las personas blancas en la sociedad. La escena inicial de *Tereza da Silva* es "Cállate la boca". Actores y actrices mandaban al público a callarse la boca, porque ahora quienes irían a hablar eran ellos. Ingrid, describiendo el montaje y la elección de temas, cuenta:

> ¿De qué queremos hablar primero? Todo el mundo dijo: ¡Cállate la boca! Estábamos cansados de oír eso, ¡Estábamos cansados de oír a los blancos hablando de cosas que no saben! El Brasil fue construido por manos negras. Ahí la historia sale y llega a las personas al revés, otra historia, ¿Entiendes? Entonces dijimos: no, ¿cómo queremos comenzar? Queremos comenzar con "Cállate la boca". Cállate la boca que ahora nosotros vamos a contar la historia, de hecho, al menos nuestra historia, la vamos a contar ahora, en el nombre de Tereza[83].

En la escena dirigida por Naine Ribeiro, el público era encadenado antes de entrar en el espacio de presentación (el trabajo fue presentado en el sótano del Museu do Doce). El distintivo para entrar era una pulsera de cuero que era colocada en la muñeca y por la cual era pasada una cuerda, que era sostenida por delante y por detrás por gente de la producción del

[83] En otro momento de la entrevista concedida, Ingrid relaciona la elección de la calle como escenario para la obra, con la necesidad de hablar a un amplio espectro de personas, no apenas a la comunidad negra: "Como es pensado para ser un espectáculo de calle, siempre lo pensamos así: "No podemos hacer eso e ir al Guarany, ¿sabes? Porque entonces no vamos a tocar a quien queremos tocar. Que este grito, porque Terezas es un grito, necesita tocar a ambas personas, y ahí pensamos en hacer un espectáculo para la calle". Para quienes no conocen Pelotas, el Theatro Guarany es un teatro tradicional de la ciudad, escenario de shows, graduaciones, eventos y, esporádicamente, alguna obra teatral. Se ubica en el centro de Pelotas y es considerado un teatro para la elite, a pesar de pasar eventos o shows gratuitos o a precios populares.

trabajo y que, enrollando bastante la cuerda, hacían que las personas, prácticamente, se tocaran.[84]

Había una idea clara de provocar, de "sacar a las personas de la zona de confort", pues, según Naiane, "Siempre fue muy difícil, ¿sabes?, ver la reacción de las personas, porque me daba mucha rabia. Porque estaba muy metida en eso, de que el *cuerpo negro incomoda*, y yo veía a las personas incomodándose por ser tocadas". El deseo y la estrategia aquí, no es apenas exponer las situaciones, las incomodidades, los insultos o discriminaciones que las personas sufren en el día a día, sino desacomodar a *los blancos,* sacarlos de su situación de privilegios. Sobre ese desacomodamiento, Ingrid afirmó que "era eso, era causar esa incomodidad, que era una de las cosas de las que hablamos, queríamos hacer que las personas sientan la incomodidad que nosotros sentimos todo el tiempo, como cuerpo negro".

El hecho de ser cuerpos negros en escena es destacado por las directoras como potencialmente transformador. El cuerpo negro, normalmente periférico y excluído, es lugar de preferencia para que las balas per-

[84] Le pregunté a Naiane la razón de poner la pulsera en la muñeca y no en el tobillo, ella respondió que "Pensamos en colocarlas en la barriga, intentamos varias formas, pero me dio miedo. Mi dificultad era ponerla en el pie por ser un espectáculo itinerante. Como hay subidas y bajadas, muchas, dentro del sótano, era un problema que acaben cayéndose. Cuidamos mucho de que la gente no se haga daño" Fueron realizadas tres sesiones, y Naiane describe así la relación del público en cada una de ellas. "La primera sesión, la de las 13:00 horas, era con la gente más de la facultad, ahí surgieron otras cuestiones, el espectáculo generó otras cuestiones. Eran las personas más del curso, del medio del arte, entonces las personas no tuvieron ningún problema de ser encadenadas, de tener que tocarse, de estar en el espectáculo unas atrás de las otras, en la fila, en tener que caminar, nadie. En la segunda sesión ya había un público más disperso, de los comerciantes de la zona y todo eso, y se hizo más o menos un tumulto, pero fue tranquilo (...) Pero la tercera sesión sí fue un caos, desde la hora de la fila, las personas se volvieron locas: me mandaron llamar 20 veces de adentro porque "¿Cómo así?", porque "hace frío, no me quiero quedar" ... y cuando entraron surgió toda una cuestión de no tocarse, realmente. (...) Y ahí, como las salas son muy pequeñas, para que todos entren en el espacio, y mientras no entrara el último la escena no ocurriría en ese espacio. (...) Tanto que, la primera vez, las dos primeras veces, todo el mundo vio, la mayoría de las cosas todo el mundo vio, todos lograron entrar en las salas... Solo que la última vez fue muy difícil, muchas personas se perdieron muchas cosas, porque no atinaban a caminar y no querían tocarse".

didas se encuentren (como dijo Ingrid: "el tiro de la bala perdida, es gracioso que siempre encuentra un cuerpo negro, es una bala perdida, pero... nosotros sabemos dónde van a encontrar una bala perdida") que trae memorias dolorosas y repletas de heridas que, por eso mismo, son ocultas y silenciadas[85], cuando es colocado delante de la escena, no es un lugar de sumisión o comicidad caricaturesca, implica una subversión del orden vigente. Abdias de Nascimento, el fundador de el TEN, observó que ese protagonismo trae a la escena algo muy diferente de lo que el blanco podría expresar. "Una cosa es lo que el blanco exprime como sentimientos y dramas de lo negro; otra cosa es su, hasta entonces, corazón oculto, es decir, lo negro desde adentro. La experiencia de ser negro en un mundo de blancos es algo intransferible".

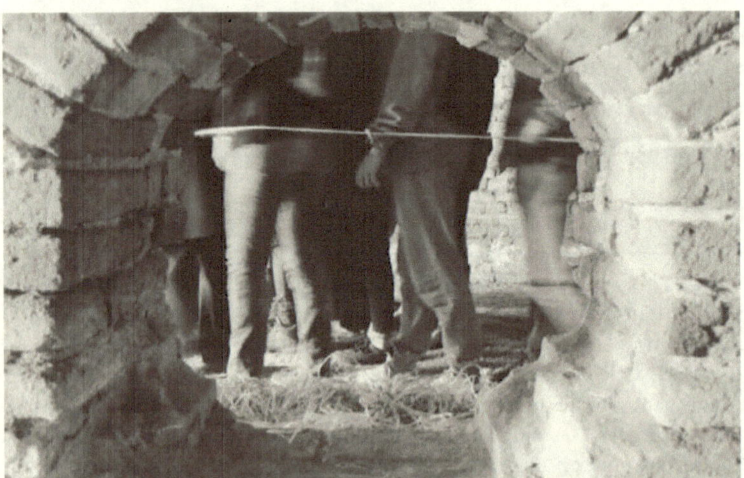

Fig. 4: *Negro es el lugar donde vivo.* Foto: Amanda Correa

Naiane destaca la dificultad de reconocerse como negro, principalmente delante de otros y señala que la dificultad de hablar sobre ser negro se relaciona con este lugar ocupado por el negro, marcado por la

[85] Nuevamente cito a Ingrid: "Solo queríamos hablar de que estábamos cansados, estábamos cansados. Cansados de salir y que nos digan mono a cambio de nada, que la mujer negra es agresiva, de ocupar ese lugar de cuerpo que la sociedad pone de lado. Cansado de eso, ¿sabes?"

exclusión (¿es fácil reconocerse excluído?) y con el dolor que las memorias traen:

> Pero es difícil hablar sobre nosotros, hablar sobre memoria, hablar sobre ancestralidade, hablar de este cuerpo como memoria, como lugar de memoria, yo creo que es más eso, que son memorias que están heridas y que es una cosa de la que hablo mucho en el espectáculo, que son memorias que nos duelen.

Traer esas memorias a escena, por más doloroso que sea, implica un proceso de transformación o de empoderamiento. Inicialmente de los propios *performers*, después de la platea (creo que la transformación de la platea está entre los deseos de los realizadores de este tipo de acción teatral, que envuelve tanto la dimensión cognitiva como la psicológica dentro de este proceso).

Ingrid destaca tanto el empoderamiento resultante de todo proceso ("Entonces nuestras posturas, en relación a eso, así, nuestra postura cambió. Comenzamos esa cosa de sentirnos más poderosas realmente"), que incluye tanto la realización de las "Afrocinas", talleres de teatro construídos a partir del camino utilizado para el montaje de *Tereza,* así como la apropiación de los propios referenciales de estudio[86]. Naiane, hablando de esa transformación, por la cual pasaron algunos de los integrantes de *Negro es el lugar donde vivo,* destaca la profundización en la manera de entender y cuestionar la situación del negro en Pelotas, creando otro entendimiento de su propia negritud[87].

---

86 En sus palabras: "Cuando volvimos a coger los libros para leer un Artaud o Abdias, esa chica chilena, fue otra cosa. Ya, ahora entiendo esto... Antes no entendía. Todo este proceso ahora tiene sentido, antes no. Ahora entiendo por qué debemos hacer esto. Porque estábamos realmente reconociéndonos, ahí"

87 Naiane recalca esto en su testimonio: "Tanto que tenemos un grupo [de *whatsapp*] y a veces los otros traen cuestiones muy problematizadoras, que de muchos que conozco ahí, con seguridad, no lo dirían, que ellos aun eran un poco limitados en eso de cuestionar su propia negritud. Y veo que hoy ellos se cuestionan mucho más y me cuestionan también, porque a veces hago algo y ellos vienen y me dan un toque con alguna cosa para

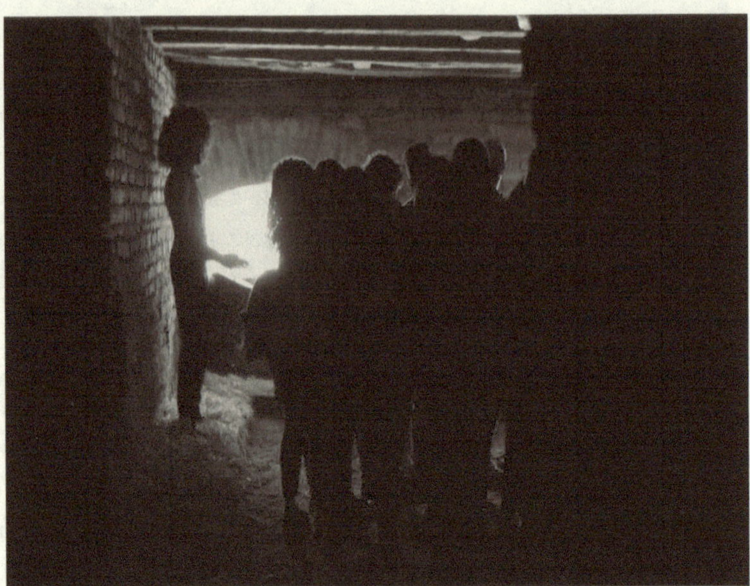

Fig. 5: *Negro es el lugar donde vivo.* Foto: Amanda Correa

Ese entendimiento se encuentra con lo que Joice Berth define como "empoderamiento colectivo", en un proceso que se retroalimenta continuamente, una vez que individuos empoderados "forman una colectividad empoderada y una colectividad empoderada, consecuentemente, será formada por individuos con alto grado de recuperación de la conciencia de su yo social, de sus implicaciones y agravantes." (Berth 36). Discutiendo el empoderamiento femenino, Berth argumenta que la superación individual de algunas opresiones puede ocurrir sin realmente romperse con las estructuras opresoras. Para ella, la despolitización del concepto, reduciéndolo a la mera expresión de las libertades individuales, implica "afirmar que empoderarse, es trascender individualmente ciertas barreras", sin que esto signifique que la persona no continúe reproduciendo esas lógicas de opresión con otros grupos e indivíduos, evitando así que se piense en el empoderamiento como un conjunto "de estrategias

darme cuenta. Y veo que tenemos una conexión muy fuerte hoy, en ese entendimiento como negros y principalmente como negros de aqui, de la ciudad de Pelotas."

necesariamente antirracistas, antisexistas y anticapitalistas y las articulaciones políticas de dominación que estas condiciones representan." (Berth 35).

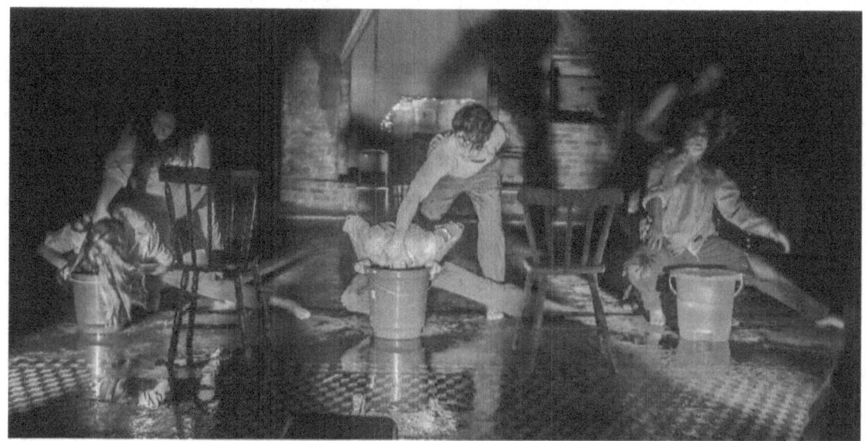

Fig. 6: *64*. Foto: Luis Gonçalves

A pesar de que también trajera memorias dolorosas para el escenario, la escena *64*, de Shay Beatriz, se revestía de otro carácter, ya que se trataba de un hecho histórico y una memoria colectiva que no había sido vivenciada por las bailarinas y bailarines que componían el elenco del montaje. En el caso de ella, había un abordaje más abiertamente político, pues su foco era precisamente un movimiento político, el golpe dado por los militares en 1964 para deponer al presidente João Goulart y asumir el poder en Brasil, deteniéndose en su desdoblamiento más tenebroso, la tortura.

Shay me habló de su "obsesión" por el tema de la dictadura brasileira que la acompaña desde sus primeros cursos en la universidad: en el primer semestre de la carrera de Danza, en el curso Técnica de Lectura y Producción de Texto, "no había otro asunto", habló sobre arte y dictadura. Su tesis de pregrado, sustentada en noviembre del 2019, fue: "Danza en la Dictadura Militar: reflexiones a partir de la trayectoria de Eva Schul". Su discusión en torno a la dictadura tiene dos ejes: la falta de libertad resultante del golpe militar – "no logro visualizar una sociedad sin libertad de expresión, no es sociedad sin su libertad" – y el quiebre cultural proveniente de la implementación de la dictadura brasilera, en el sentido de la ruptura con los avances ocurridos desde el modernismo y la necesidad de una reconstrucción de la historia político – artística – cultural de Brasil debido al desaparecimiento de la historia, puesto en práctica por los militares. Una de las principales preocupaciones de la directora en esta escena fue la de encontrar la forma de cómo transmitir sus concepciones políticas a través del movimiento: "La danza tiene un factor que, entre comillas, puede significar una desventaja, pues como ella no usa palabras, las personas no logran identificar política dentro de ella". Entonces, para ella, los signos deben ser utilizados en forma bien clara, tienen que ser "bien marcantes". Para las sesiones de tortura fueron escogidos el ahogamiento y el electrocutamiento, este último porque el cuerpo "cuando está llevando una descarga eléctrica, tiene una reacción física muy intensa". La incomodidad y el desasosiego en la platea eran provocados por la fisicalidad de los movimientos de los bailarines y bailarinas. El uso del agua en la escena de las sesiones de ahogamiento fue, como reveló Shay, una exigencia de los propios intérpretes – "no, ¡sí va a haber agua!" – todavía destacando la "presencia de los bailarines todo el tiempo dentro de ese proceso" y la "forma como ellos se interesaron, había gente que no sabía mucho sobre la dictadura".

El proceso de montaje de la escena fue también un descubrimiento de la propia historia brasileira reciente, en un momento en que las personas se están distanciando de la política[88], por la identificación que hacen de esta con su sistema y del enfrentamiento del miedo a tocar en temas como la represión, la dictadura y la tortura. "Porque estoy hablando de un asunto del que las personas no quieren hablar. Yo tengo miedo de hablar sobre eso."

[88] Como dijo Shay, "Las personas identifican el término política con el congreso, pero la política es nuestra formación como sociedad. (...) Hoy la palabra política trae consigo otras cosas", evidenciando no sólo la equivalencia, sino el propio rechazo a este sistema político.

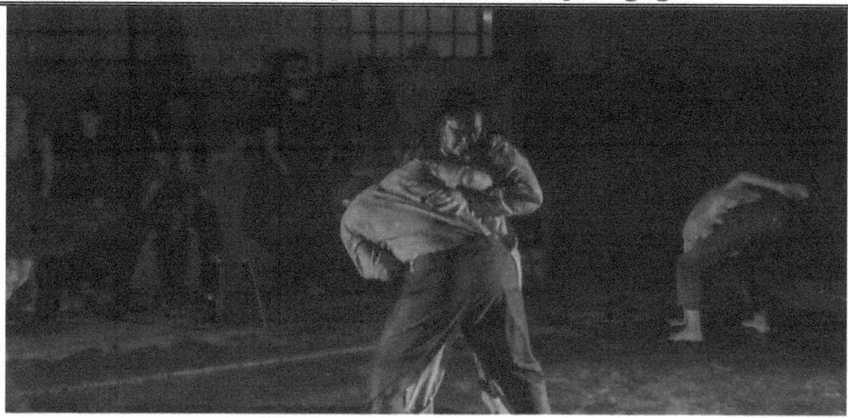

Fig. 7: *64*. Foto: Luis Gonçalves

En el caso de *Lama, una performance,* la opción por temas políticos fue de orden, por decirlo de alguna manera, casi pragmática: cuando Maria Falkembach recibió la invitación de la alcaldía para presentar un trabajo en el festival Virada Cultural de Pelotas, en el 2015, fue informada de que el espacio para las presentaciones sería la explanada localizada al frente del Teatro Sete de Abril, en la plaza Coronel Pedro Osorio, centro de Pelotas. En la entrevista que realicé con ella para rescatar detalles del montaje, relató: "Y ahí yo pensé: ¿Qué voy a hacer ahí? Ah, ¡voy a hablar de política!, porque el espacio de la calle es para hablar de eso". Pensando en ese espacio, aun democrático, aunque ya era blanco de coacciones, cuando ella me hizo la invitación para montar la escena juntos, escogimos una serie de temas que deseábamos trabajar, cosas que estaban sucediendo en aquel momento y que ocupaban nuestros pensamientos o discusiones: leíamos el libro de Márcia Tiburi, *Como conversar com um fascista,* las crónicas de Eliane Brum, nos quedamos estupefactos con las declaraciones del diputado Luiz Carlos Heinze (PP-RS) diciendo que el gabinete de Gilberto Mendonça (en aquel entonces, Ministro de la Secretaría General de la Presidente Dilma) "están ahí metidos negros sueltos, índios, gays, lesbianas.

Todo lo que no sirve a la sociedad está ahí metido"[89], y con la repercusión proveniente de la inclusión en la prueba del Enem de aquel año de un trecho del libro de filosofía de Simone de Beauvoir, publicado en 1949, *El segundo Sexo*[90]. Y encima de todo eso, estaba el lodo que había devastado el poblado de Bento Rodrigues[91], en Mariana, MG, que metafóricamente simbolizaba los otros tantos lodos que asolaban y devastaban, y aún devastan, nuestro país.

Las escenas creadas en el 2015 fueron usadas y algunas nuevas fueron incluídas en la versión creada en el 2017. En esta versión simulábamos romper la constitución, en una alusión al poder ejercido tanto por nuestras elites económicas como por la bancada BBB – Buey, Bala y Biblia - en el congreso[92], colocándose por encima de nuestra Carta Magna, y profundizábamos la discusión sobre los derechos universales de las personas.

Trabajábamos con la materialidad de los objetos, pétalos siendo arrancados o flores pisoteadas, el barro siendo lanzado sobre las flores o sobre los cuerpos de los *performers*, oscilando entre lo concreto del hecho histórico y las posibilidades simbólicas de las acciones realizadas:

---

89 . Disponible en: ‹https://www.terra.com.br/noticias/brasil/politica/deputado-diz-que-quilombolas-indios-e-gays-sao-tudo-que-na-opresta,8801977a30824410VgnVCM4000009bcceb0aRCRD.html›

90 El trecho era el siguiente: "No se nace mujer: llega una a serlo. Ningún destino biológico, físico o económico define la figura que reviste en el seno de la sociedad la hembra humana; la civilización en conjunto es quien elabora ese producto intermedio entre el macho y el castrado al que se califica como femenino." La Cámara de Regidores de Campinas aprobó una moción de repudio a esta cuestión, encaminándola al MEC.

91 El día 5 de noviembre del 2015, la Represa Fundão da Samarco se rompió en Mariana, en la Región Central de Minas Gerais, devastando el poblado de Bento Rodrigues y matando 19 personas. El barro proveniente del crimen ambiental, 62 millones de metros cúbicos, llegó a Río Doce y causó daños ambientales a lo largo de 700 Km.

92 Esta discusión comienza allá por el 2015, cuando el diputado Cabo Daciolo, en aquella época afiliado al PSOL, propuso una enmienda a la constitución, alterando el trecho del artículo 1° de la Constitución Brasilera en el que dice "Todo poder emana del Pueblo" para "Todo poder emana de Dios", hecho que acabó generando su expulsión del partido. El poder creciente de esta bancada es sentido en proyectos como "Escuela sin partido", que propone la censura a la acción de los profesores dentro de la escuela, por la liberación de los agrotóxicos, por el incentivo – no represión – a las milicias armadas y al armamento de la población, además de decenas de otros hechos relativos y recurrentes en Brasil.

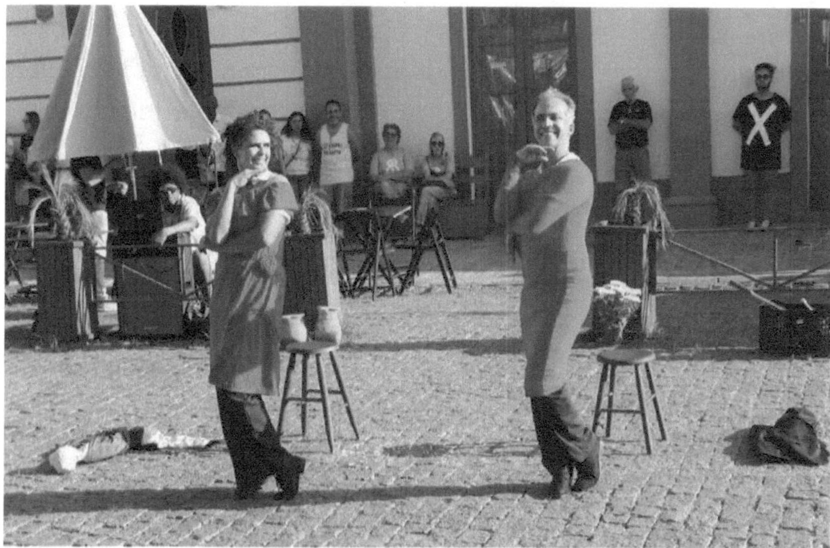

Fig. 8: *Lama, una performance.* Foto: Geovani Corrêa

> Así la acción de quitar los pétalos de una flor o pisarla no asumían la función de representar algo más allá de la propia acción: eran flores siendo pisadas y estrujadas. Lo que se veía era algo bello y frágil siendo destruído sin que ninguna explicación o justificación fuera dada. La crueldad de acabar con algo lírico no era *representada,* era realizada delante de los ojos de la audiencia. La referencia hecha era a la misma acción, el mismo gesto y a lo que este puede significar en sí mismo, no como representación de algo. Del mismo modo, la lama arrojada sobre la flor o sobre el cuerpo de los performers – actores - bailarines era, en sí misma, un barro que cubría e inundaba los cuerpos, allí no ocurría una acción ficcional, lo que no imposibilita a cada una de las personas que asistió a la performance, que pueda haber observado o creado otros significados y múltiples interpretaciones. (Falkembach e Silva 145)

Este trabajo fue construído en la época del recrudecimiento de la ola fascista que nuestro país enfrenta. Como toda acción genera una reacción contraria (no siempre igual en tamaño y fuerza), sentimos la necesidad del posicionamiento, de colocarnos como ciudadanos y artistas. Como señaló Maria en aquel momento "parece que nos estamos involucrando cada vez más, teniendo que posicionarnos políticamente, no solo posicionarnos, sino verbalizar, expresarnos políticamente, porque estamos siendo sofocados por un momento en el que, si no vamos en contra de lo que está ocurriendo, vamos a desaparecer". Por lo tanto, se trata de una estrategia de sobrevivencia, no apenas de todo el sector cultural, sino de la propia democracia.

La opción por lo político: Resistencias y Re-existencias

En un momento en el que la mayoría de la población brasileira revela su disgusto y desinterés por la política institucional, los trabajos aquí creados revelan un deseo de aproximarse y abordar temas políticos. Esta opción tal vez provenga del propio descrédito que las instituciones políticas sufren, de su incapacidad de acoger los anhelos de cambio que innúmeros grupos de nuestra sociedad tienen, y que no ven la posibilidad de que ese cambio se realice a través de los canales institucionales[93].

Optar por temáticas políticas se configura, en muchos casos como estrategias de sobrevivencia. Para Maria y para mí era claro que necesitábamos denunciar actitudes antidemocráticas y protofascistas. No había cómo ignorar las diversas agresiones que estábamos sufriendo y que parecían venir de todos los frentes. Los recientes ataques a la educación y al arte, los intentos de recorte de la libertad de cátedra, nos conminaba a la acción de la forma que mejor conocíamos. Junto a todo eso, el deseo latente de un mundo mejor, más bello "un mundo más fraterno, con más

[93] No abordaremos en este artículo, por escapar de su espectro, el descrédito de las personas en las instituciones democráticas. La falta de confianza política, de fe en la acción futura de las personas e instituciones, es ciertamente de extrema importancia para la discusión de la falta de interés en la Política, y pretendemos oportunamente, abordar este tema en su relación con las artes escénicas.

justicia, porque en el arte nos encontramos, porque en el arte nos congregamos, tenemos más sensibilidad y siempre en esa idea de un mundo mejor, de construcción de mundo", como dijo María Falkembach al conversar conmigo. Evidentemente, este deseo, en el cual aun hay algo de romanticismo (en el sentido de la posibilidad de cambio de las relaciones entre las personas) o del socialismo utópico (de cambio de las relaciones sociales), se depara con las limitaciones que las acciones humanas en general y las artísticas en particular enfrentan, de repercusión y transformación en el microcosmos en el que actúan y ocurren. Como micropolíticas que buscan el desacomodamiento del espectador y por veces, su empoderamiento, traen la problematización de lo político, no solo en su enfoque puramente económico y de relaciones de clase.

La indisociabilidad entre arte y política está presente en los discursos de todas las entrevistadas. Existe la comprensión del entrelazamiento entre el contexto social en que se vive y actúa y la política, y del papel del arte en este quehacer político. El propio proceso de creación de los trabajos actuó como desencadenante de la toma de conciencia de esta relación, implicando un cambio de visión y de postura en relación al arte, como dijo Ingrid Duarte: "Después de *Terezas* traté de volver a hacer un teatro que no fuera político, pero no puedo, parece que no estoy diciendo lo que necesitaba decir". Esta toma de conciencia, que se relaciona con la dimensión cognitiva que mencionamos anteriormente, puede implicar en la creación o desarrollo de una conciencia crítica que, según Paulo Freire, "es la representación de las cosas y de los hechos como se dan en una existencia empírica. En sus relaciones causales y circunstanciales". (Freire 112)

A partir de la comprensión de ese entrelazamiento entre Arte y Política, de la percepción de que el arte está inserido en el contexto social como una manifestación política, las directoras encaran el quehacer artístico como una manera de expresar lo que es urgente, de *decir lo que es necesario*, y de resistencia:

> Shay Beatriz: Hablar de política para mí, yo creo que es hablar de arte. Es hablar de gente, es hablar de lo que pasa, porque creo que al hablar sobre arte y no hablar de política

> no estamos hablando de la sociedad en que vivimos, no estamos hablando de un contexto social en el que estamos insertos. Entonces, traer esos elementos para dentro de la universidad, es importante. No me veo haciendo un arte que no sea político, no en un sentido partidario, sino más de contexto social, un contexto de traer, de hablar, de hablar de movimientos y que necesita ser dicho ahí, en ese momento.
>
> Naiane Ribeiro: Para mí está dicho, no hay cómo negarlo. Porque es un modo de resistir. Yo creo que encontré en el arte, encontré en la danza, en las danzas de matriz africana principalmente, un modo de resistir a todos esos momentos. Y resistir aquí, dentro de la universidad, realmente. Porque es lo que me da fuerzas, lo que me da ganas de continuar. (...) Hoy en día, no sé, no logro ver otra función para el arte que no sea esa, política. Es eso que nos hace existir. Soy una persona muy agradecida por vivir en ese medio, por entender al arte como mi modo de mantenerme. (...) Porque es eso que me da ganas de continuar en el campo científico, de continuar escribiendo, de continuar produciendo, de continuar en acción. O en re-acción.

Hablé anteriormente de la esperanza y deseo de transformación de la platea a partir de la acción teatral. Tal vez uno de los aspectos centrales o más recurrentes de teatros que se pretenden políticos, sea precisamente la desacomodación del público, llevándolo a una toma de conciencia crítica. Si no es posible medir la eficacia política de una acción teatral[94] (y tampoco creo que eso deba ser un criterio de definición para

[94] Silvana Garcia, analizando el teatro de agitación y propaganda ruso post revolución, recuerda que este tenía los objetivos de "informar y, decorrente de la información, educar y movilizar para la acción" (2004 20). Siendo, en suma, un teatro volcado para llegar a un objetivo concreto, sería posible medir su "eficacia política", medible "no apenas como movilización conseguida para esta o aquella campaña en particular, sino en el compromiso más amplio, que extrapola la relación escenario / platea y suma esfuerzos en la

una acción que se insiere no apenas como artística, sino también con este enfoque político), el deseo de transformación de la sociedad, de las personas que irán a ver las presentaciones, las ganas de desacomodar al público, también es una constante en estos trabajos. Surge como uno de los deseos principales la esperanza de que las personas reflexionen sobre su comportamiento a partir de las situaciones colocadas en las escenas: "... No quiero hacer el tipo de espectáculos en el que todo el mundo aplaude y después se van de fiesta. Yo quiero que las personas reflexionen, realmente." (Naiane Ribeiro). Naiane nota claramente que este impulso para la reflexión es una acción política: "Desde el momento en que hacemos reflexionar sobre algo, que te saca de tu zona de confort, que hace que te muevas, te encadena, que te saca de tu estabilidad, yo creo que a partir de ahí el arte ya tomó totalmente el lugar del acto político".

Este desacomodamiento del espectador tal vez sea una característica importante que los trabajos presentan. Las estrategias escénicas adoptadas, de formas diferentes, desestabilizan la "zona de confort" en que muchos de los miembros del público se encuentran, y que puede ser traducida en la condición de espectador como *voyeur*. Cuando esos espectadores son encadenados o les mandan a "callar la boca", no es apenas la cuarta pared que se rompe, sino que son implicados en la acción de una forma directa y llevados a colocarse más cerca del lugar histórico y social en que el cuerpo negro fue mantenido en Brasil.

El acercamiento físico entre actores y platea en *64* y *Lama* hacía que las gotas de agua y de barro, concretamente, les cayeran a los espectadores. Hacer parte de la audiencia, del público, es aquí, un fenómeno colectivo, "resultado de la participación de una heterogeneidad de agentes", tal como postula Oscar Cornago (32). Especialmente en *Negro es el lugar donde vivo,* las personas del público, al ser encadenadas, son llevadas materialmente, al lugar estructural de los negros esclavizados, creando un "juego reflexivo con los mecanismos de representación social, en el cual

construcción del socialismo" (idem). Ese concepto de eficacia, medido por la capacidad de movilizar a las masas trabajadoras, guiará buena parte de la discusión sobre activismo cultural, teatro como medio o como fin (pedagogía política versus X especificidad del lenguaje artístico) vigente en Brasil, especialmente en la década del 60, en la línea de trabajo de Centro Popular de Cultura (CPC) de la Unión Nacional de Estudiantes (UNE) la exploración de estructuras pre existentes surge, sobre todo, con la intención de evidenciar su modo de funcionamento" (Guimarães 80).

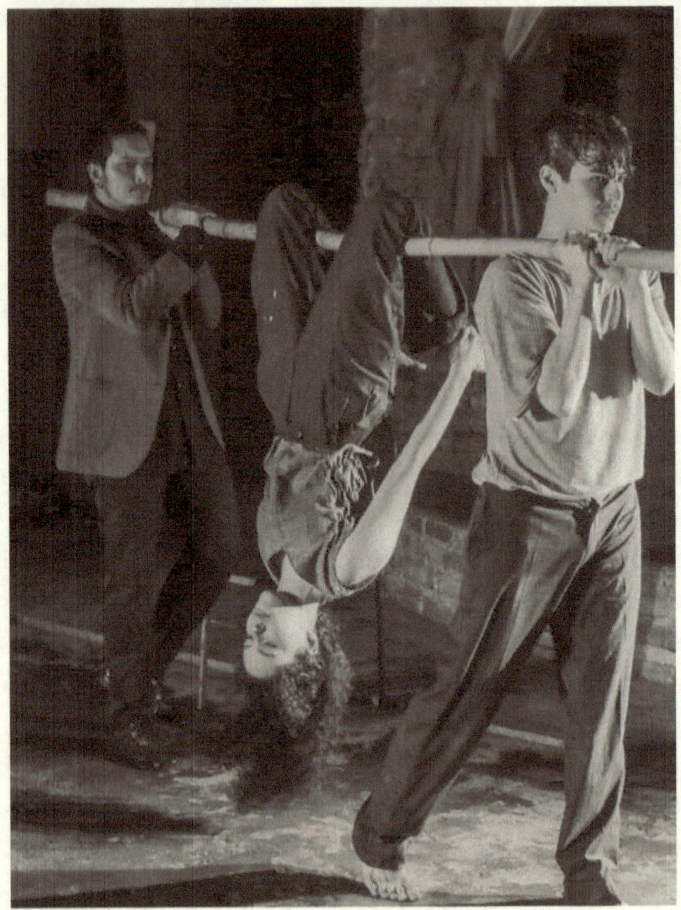

Fig. 9: *64*. Foto: Luis Gonçalves

Es claro que, como acción artística, la reacción del público, el desacomodamiento pretendido, no ocurre apenas a través de una reflexión racional. Después de la presentación de *64* Shay Beatriz cuenta que "Vinieron muchas personas a abrazarme y lloraban. La madre de una compañera me abrazó y dijo: yo tenía nueve años". La reacción de las personas puede llegar a ser aparentemente de rechazo, sin que eso deje de ser un proceso de transformación"[95].

En estos tiempos de recrudecimiento de la represión y de impulsos fascistas, el miedo también hace e hizo parte de la construcción y de las presentaciones de los trabajos. Todas las directoras relataron que, en algún momento del proceso, antes, durante o después de las presentaciones, sintieron miedo de la acción de grupos o individuos de extrema derecha, que pudieran agredir a los integrantes del equipo o que criminalizaran la acción artística.

Dejar al miedo de lado y continuar agitando, porque no hay otra manera de continuar haciendo arte, de continuar siendo un ciudadano de la *polis,* esta parece ser la tónica. La presentación de *Lama* que hicimos para el Festival de Teatro de Calle de Pelotas – TEATRUA, el día 8 de agosto del 2018, en la Plaza Pedro Osorio, centro de Pelotas, un día después de la votación del primer turno de la elección presidencial, fue marcada por bastante nerviosismo: nos íbamos a presentar en un espacio público y no sabíamos cuál podría ser la reacción de alguno (algunos) de los partidarios del candidato más votado, que, para el momento, ya hacían manifestaciones muy violentas en varios rincones de Brasil. Sin embargo, no podíamos dejar que este recelo nos impidiera manifestarnos. Sin intenciones panfletarias o partidarias, creíamos que las cuestiones que levantábamos en las performances necesitaban ser compartidas y repercutidas, especialmente en un momento en que las libertades individuales comenzaban a ser amenazadas, ya sea por la censura pura y simple o por otras formas de recorte de la libertad de expresión, como el corte de presupuesto o el fin de programas y concursos que financiaban diversas manifestaciones artísticas.

[95]Ingrid Duarte cuenta que se sorprendía por el hecho de que diversas personas vuelvan para ver el espectáculo: "Vamos a agredir al público. El público va a reaccionar, ¿Y qué? Pensamos que nadie nos iba a llamar para nada, que nos iban a tirar piedras, pero, por increíble que parezca, el público lo recibió de una forma... el público estaba necesitado de eso, ¿sabes? Había gente que volvia a ver, no entendimos eso, ¿estábamos mandando a las personas a callarse la boca y vuelven a ver, y de nuevo los mandamos a callar la boca? Y ¿cómo es que regresan?"

De lo que me pude dar cuenta durante el proceso de construcción de *Lama* en sus presentaciones y en conversaciones con la directora y con otras personas de las áreas de educación y de arte es que, si bien hay retrocesos estratégicos, es porque existe la percepción de que continuar hablando y expresándose, se presenta como la única forma de existencia y resistencia. Pues, como dijo Naiane Ribeiro "yo creo que poner en la palestra, traerlo hacia el arte, que es el lugar desde donde yo hablo, yo creo que es un modo de decir que estamos vivos y que sí hay un espacio para todos y que, a pesar de todos los pesares, ese espacio existe".

Por lo que observo aquí, se configura en las artes escénicas otra forma de hacer política, menos dogmática, que amplíá el espectro de la acción política más allá de las cuestiones de clase o del enfoque económico. Traer a escena otras cuestiones que hablan sobre las relaciones sociales vivenciadas por los integrantes de esos grupos y colectivos, amplía el espectro de lo político en el teatro. Otras luchas, otras reivindicaciones, protagonizan esas escenas, trayendo temas como el racismo y la igualdad de género al centro de esas discusiones políticas. No es que esos temas estén ausentes de nuestra dramaturgia y de la escena brasileira como un todo, pero lo que se debe resaltar es que, en el caso de *Tereza da Silva* y *Negro es el lugar donde vivo,* son dramaturgias y escenas creadas por directoras negras. Este acto de asumir el protagonismo y contar su propia historia es un diferencial en relación a dramaturgias políticas que ocurrieron en el pasado.

La afirmación de la lucha contra la opresión, en sus varias esferas y manifestaciones, se presenta en estos trabajos de una forma menos rígida, menos cerrada, más fluida y por lo mismo, con más posibilidades de penetración. Si hasta los años 60 del siglo pasado, la herencia brechtiana se hacía sentir muy claramente en el sentido de la necesidad de contar una historia en la que las fuerzas sociales y económicas pudieran ser identificadas por el espectador, las dramaturgias presentadas aqui se evidencian, no apenas por su fragmentación y no linealidad, sino por la implicación tanto de los actores / actrices / performers en su construcción, como del público. No se trata apenas de la actualidad de los temas tratados o de la utilización de noticias recién ocurridas como punto de partida para escenas (estrategia escénica para las presentaciones performático-teatrales que el *agitprop* ruso ya utilizaba en el inicio del siglo XX), sino de la afirmación de una manera de contar que trae la vivencia de esa lucha. No son dramaturgias que se destinan a ser replicadas por otros colectivos, sino que se insieren como una experiencia para sus creadores y para la comunidad a la que se destina.

Bibliografía

Berth, Joice. *Empoderamento (Feminismos Plurais)*. São Paulo: Pólen, 2019.

Boal, Augusto. *Teatro do oprimido e outras poéticas políticas*. Rio de Janeiro: Civilização Brasileira, 1975.

Brecht, Bertolt. *Estudos sobre teatro*. Rio de Janeiro: Nova Fronteira, 2005.

Cornago, Óscar. "La escena como marco público. Ejercicio de reflexión em tres tiempos". In Cornago, Fernandes e Guimarães, J, Org. *O teatro como experiência pública*, p. 17-41. São Paulo: Hucitec, 2018.

Dort, Bernard. *O teatro e sua realidade*. São Paulo: Perspectiva, 2007.

Dubatti, Jorge. *Filosofia del Teatro 1: convivio, experiencia, subjetividad*. Buenos Aires: Atuel, 2007.

Dubatti, Jorge. "Teatro, convívio e tecnovívio", in *Da Cena Contemporânea*, org. Carreira, André, Bião, Armindo, Torres Neto, Walter, p. 12-37. Porto Alegre: ABRACE, 2012.

Falkembach, Maria E Silva, Daniel Furtado. "Lama: performance e perspectivas para o século XXI", p. 141-152. In Concílio, Vicente e Cruvinel, Tiago, Org. *Pedagogia das Artes Cênicas: atuar e agir*. Série Encontros, Volume 4. Editora CRV: Curitiba, 2019.

Freire, Paulo. *Educação como prática para a liberdade*. Editora Paz e Terra: Rio de Janeiro, 1967.

Garcia, Silvana. *Teatro da Militância*. São Paulo: Perspectiva, 2004.

Guimaráes, Júlia. "Entre amadores, especialistas e espectadores". In Cornago, Fernandes e Guimarães, Org. *O teatro como experiência pública*, p. 64-85. São Paulo: Hucitec, 2018.

Nascimento, Abdias. "Abdias do Nascimento e o teatro negro no Brasil" – Disponible en https://www.brasil247.con/pt/247/favela247/134048/Abdias-do-Nascimento-e-o-teatro-negro-no-Brasil.html Acceso en 17/07/19.

Peixoto, Fernando. "Bernard Dort e a Realidade do Teatro". In DORT, Bernard. *O teatro e sua realidade*, p. 07-13. São Paulo: Perspectiva, 2007.

Autoras y autores

Daniel Furtado

Actor, director teatral, profesor en el Curso de Teatro de la Universidad Federal de Uberlandia – UFU; coordina el Grupo de Trabajo Procesos de Expresión e Creación Escénicas, de la Asociación Brasilera de Investigación y Posgrado en Artes Escénicas – ABRACE. Doctor en Teatro por la Universidad Federal de Minas Gerais, con la tesis "El actor y el personaje: variaciones y límites en el teatro contemporáneo". Máster en Letras por la UFMG, se graduó en Artes Escénicas por la USP, con calificación en Dirección Teatral. Coordina el proyecto de investigación Teatro, Performance y Política, que investiga la relación entre las representaciones artísticas contemporáneas y la política, a partir de la ampliación de voces y colectivos artísticos que cuestionan los discursos hegemónicos que atraviesan nuestro cuerpo social.

Daniele Pimenta

Profesora del Instituto de Artes de la Universidad Federal de Uberlândia (MG, Brasil), en el curso de Teatro y en el Programa de Postgrado en Artes Escénicas. Posdoctora por la UNESP, doctora por la UNICAMP y máster por la USP, se ha dedicado a la investigación del Circo Brasileño - que fue el área de actividad de su familia -, con varios trabajos publicados sobre el tema. Coordina el Grupo de Trabajo Circo y Comicidad de ABRACE - Asociación Brasileña de Investigación y Postgrado en Artes Escénicas. También es actriz, directora, directora musical y coreógrafa de la Cia. PICNIC de Teatro.

Orcid Id: https://orcid.org/0000-0003-0499-253X

Dirce Helena Carvalho

Actriz, directora de teatro, profesora del Curso de Teatro, del Programa de Posgrado en Artes Escénicas y del Programa de Posgrado de Maestría Profesional en Artes, de la Universidad Federal de Uberlândia, en Minas Gerais. Tiene doctorado en Educación por el Programa de Posgrado (FEUSP/USP, 2016) y Maestría en Estética e Historia del Arte (USP, 2008). Su investigación enfatiza la actuación, el cuerpo-voz y la *performance text* en la escena contemporánea.

Orcid Id: https://orcid.org/0000-0002-1961-935

Eduardo De Paula

Profesor, actor y director de teatro. Realizó un posdoctorado en el Dipartimento delle Arti de la Università di Bologna (DARvipem/ UNIBO, Italia; 2018-2019). Doctorado (2015), Maestría (2011) y Licenciatura (Especialización en Interpretación Teatral, 1998) en Artes Escénicas de la Escuela de Comunicaciones y Artes de la Universidad de São Paulo (CAC-PPGAC-ECA/USP). En la actualidad es profesor en la Universidad Federal de Uberlândia, donde trabaja en el Programa de Posgrado en Artes Escénicas (PPGAC) y en el Curso de Teatro, Instituto de Artes (IARTE/UFU). Su campo de investigación está vinculado a los procesos experimentales de preparación y creación del actor y de la escena teatral, centrándose en los estudios sobre actuación y la escena contemporánea. En particular, sus estudios se concentran en la búsqueda de la organización de la espontaneidad en los procesos de actuación.

Orcid Id: http://orcid.org/0000-0002-3688-8123

Henrique Bezerra de Souza

Profesor del curso de Pregrado en Teatro de la Universidad Federal de Uberlândia, actor, director e investigador teatral. Desarrolla estudio centrado en las relaciones entre el juego, pedagogía teatral y las indagaciones de Paulo Freire. Ha trabajado como docente en el curso de Pedagogía en Teatro de UDESC, en el Pregrado en Artes Escénicas de la Universidad Federal de Santa Catarina (UFSC), en el programa de Teatro-Pedagogía de la Universidad Federal de Ceará (UFC) y en el programa de Pedagogía en Teatro del Instituto Federal de Educación, Ciencia y Tecnología de Ceará (IFCE). Ha dirigido las obras "Agoniza mas não morre" y "Saudade que chama" para la Cia Balacochê, además de "Eu floro, tu floras, eles floram", "200 reais - algo sobre Mãe Coragem" y la intervención escénica "Qual sua guerra?".

Contacto: henriquebezerrads@gmail.com

Orcid Id: https://orcid.org/0000-0003-4969-5803

Mara Leal

Actriz-performer. Docente del Curso de Teatro, del Programa de Postgrado en Artes Escénicas (PPGAC) y Maestría Profesional en Artes en la Universidad Federal de Uberlândia (UFU). Desarrolla investigación sobre Escena Contemporánea y Performance en la interfaz entre creación y prácticas artístico-pedagógicas. Investigadora del grupo GEAC (Líder CNPq 2021-23) e integrante del equipo editorial de la Revista ouvirOUver. Organizó los dossiers sobre Desmontaje (2014) y Performance y Pedagogía (2017), publicados en la Revista Rascunhos. Organizo, en conjunto con Ileana Dieguéz, el libro Desmontagens: processos de pesquisa e criação nas artes da cena (2018). Es autora del libro Performance e(m) Memoria (EDUFU, 2014) y de artículos de divulgación de sus investigaciones.

Orcid Id: https://orcid.org/0000-0003-0381-2488

Maritza Farías Cerpa

Actriz, activista, docente, creadora e investigadora teatral. Licenciada en Actuación Teatral, Magíster en Artes y Doctora en Filosofía con mención en Estética y Teoría del Arte. Como creadora, sus últimos trabajos han sido las intervenciones "Espacio del cuerpo eliminado", "Chile: Estado asesino" y "Muertas". Dirigió el performance "Meta-Morfé, más allá de la forma anterior" y es actriz de la obra "La madre de Eva" dirigida por Heidrun Breier estrenada en junio de 2022. Además, es cocreadora del Núcleo de Investigación y Creación Escénica NICE. Actualmente es académica de la Escuela de Teatro de la Universidad de Valparaíso y entre sus publicaciones se encuentran "Evidencias, las otras dramaturgias", "La escena inquieta, teatro político metropolitano de la época de los sesenta" y "Poéticas del dolor".

Paulina Maria Caon

Profesora del Curso de Teatro y Coordinadora del Programa de Posgrado en Artes Escénicas del Instituto de Artes de la Universidad Federal de Uberlândia. Investigadora del GEAC y del Núcleo de Estudios Improvisación en Danza. Integrante del Comité Académico Internacional de la Red de Investigación de y desde los Cuerpos. Colabora con el Colectivo Teatro Dodecafônico desde 2008, con el que inició su investigación sobre el caminar como práctica estética y política.

Orcid Id: https://orcid.org/0000-0003-3317-3496

Pedro Eduardo da Silva (aliás, Edu Silva)

Teatrista (actor, director, payaso, arte-educador, escenógrafo, iluminador, productor) e investigador del teatro popular, Escenógrafo del Curso de Teatro de la Universidad Federal de Uberlandia – UFU; coordina dos grupos de estudios en la UFU: estudios sobre Escenografía y sobre Comicidad Popular (payasos, payasas y payases).

Vilma Campos dos Santos Leite

Profesora cesante de la carrera de Teatro del Instituto de Artes de la Universidad Federal de Uberlandia. Actualmente participa como profesora colaboradora de la Maestría en Artes Escénicas y Maestría profesional en la misma institución. Ha realizado estudios de posdoctorado en Artes por la UNICAMP (Universidad de Campinas), doctora en Historia por la UFU (Universidad Federal de Uberlandia), Magíster en Artes por la ECA - USP (Escuela de Comunicaciones y Artes de la Universidad de São Paulo. Actualmente realiza un segundo doctorado sobre máscaras de Paucartambo en la Universidad de São Paulo.

Orcid Id: https://orcid.org/0000-0002-8440-8817.

Wellington Menegaz

Actor y profesor de teatro. Actuación profesional en el Pregrado de teatro, Maestría Profesional en Arte y Posgrado de las Artes Escénicas en la Universidad Federal de Uberlândia (UFU). Postdoctor, Doctor y Magister por el posgrado en teatro de Universidad Estadual de Santa Catarina (UDESC). Graduado en Educación Artística/Artes Escénicas en la Universidad de Uberlândia y especialista en Psicopedagogía en contexto educativo por la Universidad Católica de Uberlândia. Autor del libro Teatro com Adolescentes: dentro e fora da escola (2016). Ha trabajado durante diez años como profesor de Arte/Teatro en escuelas secundarias de Uberlândia (Brasil). Su línea de investigación es la enseñanza del teatro en la educación secundaria y en contextos comunitarios; el método educativo Drama y sus consecuencias en la educación; medios digitales y redes sociales y sus repercusiones en la enseñanza de adolescentes y jóvenes. Hace parte del núcleo Coelhos Mordem y de los grupos de investigación: Grupo de Pesquisa em Drama (GruD) y del GEAC.

Traductora

Virginia Llerena Caballero

Peruana, estudió el pregrado en Artes Escénicas en la Universidade de Sao Paulo. Durante su tiempo en Brasil conoció el idioma y sus diversas terminologías, logrando dictar clases de español y portugués, además de realizar traducciones en ambos idiomas. Actualmente trabaja en proyectos que involucran la interculturalidad y la aproximación a ambos idiomas a través de las artes.

Contacto: virginiallerena@gmail.com

Publicaciones de Argus-*a* en su sello ErosBooks:

Martín Giner
Tres escenarios improbables. Dramaturgia de humor

Gladys Ilarregui
El amarillo inaudito. Poemas a Ucrania

Gustavo Geirola
Dedicatorias
Sonetos y antisonetos

Gerardo González
Soave Libertate

Otras publicaciones de Argus-*a*:

Gustavo Geirola
FREUD: del nombre, del origen, del 'gran hombre'
Ensayo conjetural

Alejandra Morales
Representación de lo femenino en el teatro chileno
Rearticulaciones

Alicia Montes
Literatura erótica, pornografía y paradoja

Gustavo Geirola
Lacanian Discourses and the Dramaturgies

Gustavo Geirola
Introducción a la praxis teatral.
Creatividad y psicoanálisis

María Cristina Ares
Evita mirada
Modos de ver a Eva Perón: las figuraciones literarias y visuales de su cuerpo entre 1992 y 2019

Gustavo Geirola
Los discursos lacanianos y las dramaturgias

Eduardo R. Scarano (compilador)
Racionalidad política de las ciencias y de la tecnología. Ensayos en homenaje a Ricardo J. Gómez

Virgen Gutiérrez
Con voz de mujer. Entrevistas

Alicia Montes y María Cristina Ares, compiladoras
Régimen escópico y experiencia. Figuraciones de la mirada y el cuerpo en la literatura y las artes

Adriana Libonatti y Alicia Serna
De la calle al mundo
Recorridos, imágenes y sentidos en Fuerza Bruta

Laura López Fernández y Luis Mora-Ballesteros (Coords.)
Transgresiones en las letras iberoamericanas: visiones del lenguaje poético

María Natacha Koss
Mitos y territorios teatrales

Mary Anne Junqueira
A toda vela
El viaje científico de los Estados Unidos: U.S. Exploring Expedition (1838-1842)

Lyu Xiaoxiao
La fraseología de la alimentación y gastronomía en español. Léxico y contenido metafórico

Gustavo Geirola
Grotowski soy yo. Una lectura para la praxis teatral en tiempos de catástrofe

Alicia Montes y María Cristina Ares, comps.
Cuerpo y violencia. De la inermidad a la heterotopía

Gustavo Geirola, comp.
Elocuencia del cuerpo. Ensayos en homenaje a Isabel Sarli

Lola Proaño Gómez
Poética, Política y Ruptura. La Revolución Argentina (1966-73): experimento frustrado De imposición liberal y "normalización" de la economía

Marcelo Donato
El telón de Picasso

Víctor Díaz Esteves y Rodolfo Hlousek Astudillo
Semblanzas y discursos de agrupaciones culturales con bases territoriales en La Araucanía

Sandra Gasparini
Las horas nocturnas. Diez lecturas sobre terror, fantástico y ciencia

Mario A. Rojas, editor
Joaquín Murrieta de Brígido Caro. Un drama inédito del legendario bandido

Alicia Poderti
Casiopea. Vivir en las redes. Ingeniería lingüística y ciber-espacio

Gustavo Geirola
Sueño Improvisación. Teatro. Ensayos sobre la praxis teatral

Jorge Rosas Godoy y Edith Cerda Osses
Condición posthistórica o Manifestación poliexpresiva.
Una perturbación sensible

Alicia Montes y María Cristina Ares
Política y estética de los cuerpos.
Distribución de lo sensible en la literatura y las artes visuales

Karina Mauro (Compiladora)
Artes y producción de conocimiento.
Experiencias de integración de las artes en la universidad

Jorge Poveda
La parergonalidad en el teatro. Deconstrucción del arte de la escena
como coeficiente de sus múltiples encuadramientos

Gustavo Geirola
El espacio regional del mundo de Hugo Foguet

Domingo Adame y Nicolás Núñez
Transteatro: Entre, a través y más allá del Teatro

Yaima Redonet Sánchez
Un día en el solar, expresión de la cubanidad de Alberto Alonso

Gustavo Geirola
Dramaturgia de frontera/Dramaturgias del crimen.
A propósito de los teatristas del norte de México

Virgen Gutiérrez
Mujeres de entre mares. Entrevistas

Errancias: prácticas artístico-pedagógicas

Ileana Baeza Lope
Sara García: ícono cinematográfico nacional mexicano, abuela y lesbiana

Gustavo Geirola
Teatralidad y experiencia política en América Latina (1957-1977)

Domingo Adame
Más allá de la gesticulación
Ensayos sobre teatro y cultura en México

Alicia Montes y María Cristina Ares (compiladoras)
Cuerpos presentes.
Figuracones de la muerte, la enfermedad, la anomalía y el sacrificio.

Lola Proaño Gómez y Lorena Verzero / Compiladoras y editoras
Perspectivas políticas de la escena latinoamericana. Diálogos en tiempo presente

Gustavo Geirola
Praxis teatral. Saberes y enseñanza. Reflexiones a partir del teatro argentino reciente

Alicia Montes
De los cuerpos travestis a los cuerpos zombis. La carne como figura de la historia

Lola Proaño - Gustavo Geirola
¡Todo a Pulmón! Entrevistas a diez teatristas argentinos

Germán Pitta Bonilla
La nación y sus narrativas corporales. Fluctuaciones del cuerpo femenino en la novela sentimental uruguaya del siglo XIX (1880-1907)

Robert Simon
To A Nação, with Love: The Politics of Language through Angolan Poetry

Jorge Rosas Godoy
Poliexpresión o la des-integración de las formas en/desde
La nueva novela *de Juan Luis Martínez*

María Elena Elmiger
DUELO: Íntimo. Privado. Público

María Fernández-Lamarque
Espacios posmodernos en la literature latinoamericana contemporánea: Distopías y heterotopíaa

Gabriela Abad
Escena y escenarios en la transferencia

Carlos María Alsina
De Stanislavski a Brecht: las acciones físicas. Teoría y práctica de procedimientos actorales de construcción teatral

Áqis Núcleo de Pesquisas Sobre Processos de Criação Artística
Florianópolis
Falas sobre o coletivo. Entrevistas sobre teatro de grupo

Áqis Núcleo de Pesquisas Sobre Processos de Criação Artística
Florianópolis
Teatro e experiências do real (Quatro Estudos)

Gustavo Geirola
El oriente deseado. Aproximación lacaniana a Rubén Darío.

Gustavo Geirola
Arte y oficio del director teatral en América Latina
Tomo I: México y Perú

Gustavo Geirola
Arte y oficio del director teatral en América Latina
Tomo II: Argentina, Chile, Paraguay y Uruguay

Gustavo Geirola
Arte y oficio del director teatral en América Latina
Tomo III: Colombia y Venezuela

Gustavo Geirola
Arte y oficio del director teatral en América Latina
Tomo IV: Bolivia, Brasil y Ecuador

Gustavo Geirola
Arte y oficio del director teatral en América Latina
Tomo V: Centroamérica y Estados Unidos

Gustavo Geirola
Arte y oficio del director teatral en América Latina
Tomo VI: Cuba, Puerto Rico y República Dominicana

Gustavo Geirola
Ensayo teatral, actuación y puesta en escena.
Notas introductorias sobre psicoanálisis y praxis teatral

Argus-*a*
Artes y Humanidades / Arts and Humanities
Los Ángeles – Buenos Aires
2024

www.ingramcontent.com/pod-product-compliance
Lightning Source LLC
LaVergne TN
LVHW090935080826
845145LV00003B/757

* 9 7 8 1 9 4 4 5 0 8 5 6 2 *